持续赢利商业模式

移动互联网时代下的商业赢利突围法则

陈冠声◎著

中国财富出版社

图书在版编目（CIP）数据

持续赢利商业模式：移动互联网时代下的商业赢利突围法则 / 陈冠声著. —北京：中国财富出版社，2016. 6

ISBN 978 - 7 - 5047 - 6142 - 2

Ⅰ. ①持… Ⅱ. ①陈… Ⅲ. ①商业模式—研究 Ⅳ. ①F71

中国版本图书馆 CIP 数据核字（2016）第 107966 号

策划编辑	黄 华	**责任编辑**	单元花		
责任印制	方朋远	**责任校对**	杨小静	**责任发行**	邢有涛

出版发行	中国财富出版社		
社　　址	北京市丰台区南四环西路 188 号 5 区 20 楼	**邮政编码**	100070
电　　话	010 - 52227568（发行部）		010 - 52227588 转 307（总编室）
	010 - 68589540（读者服务部）		010 - 52227588 转 305（质检部）
网　　址	http://www.cfpress.com.cn		
经　　销	新华书店		
印　　刷	北京京都六环印刷厂		
书　　号	ISBN 978 - 7 - 5047 - 6142 - 2/F · 2595		
开　　本	710mm × 1000mm 1/16	**版　　次**	2016 年 6 月第 1 版
印　　张	12. 75	**印　　次**	2016 年 6 月第 1 次印刷
字　　数	176 千字	**定　　价**	35. 00 元

前　言

移动互联网时代下的商业赢利突围法则

众所周知，传统互联网的发展一共经历了三个阶段：第一阶段是1998—2003年的工具和门户时代，第二阶段是2003—2008年的游戏、社交时代，第三阶段是2008年以来的电子商务时代。移动互联网依然会按此脉络发展，但是步伐更快。

随着智能手机的加速普及，移动终端和手机操作系统的激烈竞争，互联网产业实现了从桌面互联到移动互联的变革。移动互联网爆发之势初显！如今，移动互联网及其应用已经深入大众生活的方方面面，现在地铁里或者公交车上，无数人都拿着手机、平板电脑，或看新闻，或看视频，或玩游戏，或刷微博，或刷网页，或购买自己喜欢的商品。

和电脑的固定特性比较起来，手机具有随身携带的移动特征。手机与用户之间一一对应的关系，为基于身份识别技术上的位置服务和移动支付等新技术提供了可能。移动互联网这片“蓝海”有着巨大的挖掘潜力和开拓空间，如何突破现有的商业模式，利用创新商业模式创造无限的商机是各企业应该着重思考的问题。

当前，产业融合最大的特点就是新产品、新模式、新公司不断涌现，新模式层出不穷。人们的生活方式因移动互联网而改变，各企业都想抓住这里面蕴藏的商机，推出迎合现代人需求的产品。但是，要想快人一步占据市场主导地位，必须创新商业模式或者在原有的商业模式上重构。

商业模式本质上是实现企业价值创造的过程，只有不断为焦点企业的利益相关者，包括客户、产业链合作伙伴、内部员工创造价值，实现多方共赢，商业模式才具有竞争优势。随着移动互联网市场的迅猛发展，企业要想成功立足，关键在于商业模式的创新。成功的商业模式不一定是技术上的创新，而可能是对企业经营某一环节的改造，或是对原有商业模式的变革和创新，甚至是对整个游戏规则的颠覆。

商业模式创新是焦点企业的客户、网络、平台、生态、大数据、合作伙伴等利益相关者交易结构诸多要素的聚合。要想实现商业模式创新，就要通过平台开放、产业链合作、大数据挖掘，进行内容的聚合、客户的聚合、信息和数据的集合，打造一个符合市场需求的、有前景的开放平台。

作　者

2016 年 3 月

目　录

第一章　移动互联：狼真的来了 …… 1

移动互联：除了更便捷，就是更快速 …… 3

商业模式真的改变了吗 …… 5

终端智能化时代来了 …… 9

商业模式进入微时代 …… 11

免费模式是万能的吗 …… 14

移动互联对广告模式的促动 …… 17

电子商务发展大趋势 …… 20

第二章　复制借鉴：模仿还是移植 …… 23

商业模式可否被复制 …… 25

如何复制别人的商业模式 …… 28

盲目复制的商业模式注定要失败 …… 31

模仿商业模式要学其根本 …… 34

商业模式应在竞争中设计和完善 …… 36

商业模式就是企业的竞争工具 …… 38

商业模式正在走向不可复制 …… 40

第三章 简单制胜：简单就是效率 …… 45

与成本有关：越简单越好 …… 47

商业模式的核心原则 …… 50

简单且易成功的商业模式 8 步走 …… 53

利润率是唯一的衡量指标 …… 57

简单化：从内部管理模式开始 …… 59

找到合适的简单商业模式 …… 63

第四章 赢利支点：靠什么赚钱 …… 65

是否有较多赢利点 …… 67

放长线钓大鱼，先平台后赢利 …… 68

好模式就有好的赢利点 …… 69

赢利点的设计技巧 …… 71

那些奇思异想的赢利点 …… 74

赢利点是可以挖掘和拓展的 …… 76

第五章 优化资源：低成本策略 …… 79

企业的资源包括哪些方面 …… 81

资源决定商业模式 …… 85

如何优化资源配置 …… 89

人力资源管理模式 …… 93

商业模式与成本控制 …… 96

第六章　模式设计：企业发展的图纸 …………………… 101
客户价值最大化原则 …………………… 103
你的核心竞争力在哪里 …………………… 105
企业组织模式设计 …………………… 107
企业渠道模式设计 …………………… 110
企业赢利模式设计 …………………… 112
风险管理与合理避税 …………………… 119
可持续性赢利问题 …………………… 124

第七章　模式再造：寻找新机会 …………………… 127
如何衡量商业模式的好坏 …………………… 129
模式重构的途径 …………………… 133
模式重构：企业转型的工具 …………………… 136
透视企业生态大系统 …………………… 139
发展战略再定位 …………………… 142
业务系统增值增效 …………………… 146
传统行业商业模式再造 …………………… 148

第八章　生态圈：圈子决定效益 …………………… 153
企业要构建核心生态圈 …………………… 155
平台模式：生态圈的战争 …………………… 159
如何建构同赢生态圈 …………………… 162
良性生态圈是怎样的 …………………… 164

在生态圈中确立有利地位 …… 166
生态圈中的竞合关系 …… 168

第九章 利益链：价值再平衡 …… 173
模式变革与利益链条 …… 175
什么样的利益链节点才高效 …… 178
坚决打掉“灰色利益链” …… 182
黑色利益链对商业模式的侵蚀 …… 184
利益链与商业模式的对应关系 …… 187
暴利利益链的反动模式 …… 192

第一章

移动互联：狼真的来了

现代管理学之父彼得·德鲁克说过："当今企业之间的竞争，已经不是产品之间的竞争，而是商业思维、商业模式之间的竞争。"在互联网思维下，企业需要全新的变革，需要检查已有的商业模式，为企业的转型或升级插上一对腾飞的翅膀。

移动互联：除了更便捷，就是更快速

人到哪儿，互联网就到哪儿，就可以在哪儿上网。移动互联时代就这么倏忽而至了。它的到来，突破了时空的限制，为人与人之间、企业与企业之间的交往带来了质的飞跃。

迄今为止，人类社会经历了农业时代、工业时代、信息时代，然后就是如今的移动互联时代。农业时代主要改变了人们的生产关系，从狩猎走向了农耕。工业时代则是大肆开发利用能源的时代。至工业时代后期，进入了电气时代，而计算机的出现使我们进入了信息时代。作为刚刚走进这一时期的我们，不妨回想一下，每天总会有大量的信息被传播，其速度都快赶上火箭了，如此便形成了信息大爆炸。

至今，移动互联时代则是完成了最后一步，让人与信息相连。对《阿凡达》还有印象吗？里面的人们身上都有一个接口，能够随时和星球还有动物相连以传递信息。没错，移动终端就是这样一个接口。

权威统计数据表明，截至2014年年底，全球接入互联网的用户高达总人口的40%，全球移动互联网用户接近30亿。其中，有近80%的用户分布在发达国家，而发展中国家所占比重尚小。由此也可以断定，未来，发展中国家将成为移动互联的主力地区。预计到2020年，全球互联网设备将产生500亿次的连接。具体到中国，GSMA（一家全球性的贸易协会）数据显示，中国M2M（机对机）连接数已超越了美国和日本的总和。

我们之所以把移动互联称作一个时代，并不是因为它为人们创造了更多更有价值的信息，而是因为它的快速、便捷给人和信息之间的二元关系带来了极大的推动和改变作用，让人成为信息的一部分，由此改变了人类社会的各种关系和结构，也因此引起了整个社会商业模式的变迁。

看看我们身边，热门的旅游、餐饮、教育等行业无不以迅雷不及掩耳之势向移动互联渗透。移动游戏、团购大战、打车软件……这些都共同催醒了O2O（将线下商机与互联网结合）。可以断定，在不久的未来，线上、线下都将进行更深入的渗透，并最终完成全方位的融合。

2013—2019 年这 7 年的时间内，手机所产生的流量将远超笔记本电脑、台式电脑及平板电脑所产生的流量总和。智能手机将不再被独宠，新热点迭代频出。

可以说，不管从全球范围来看，还是只针对我国现状，人手一机的场景已经为时不远，每个人和每部手机，都会成为移动互联网产业不可忽视的渠道力量。

中国科学院科技政策与管理科学研究所研究员顾强认为，移动互联网时代，影响企业核心竞争力的要素正在发生深刻变化。传统行业要想生存发展，必须主动拥抱互联网，不断变革创新。

统计数据显示，2013 年和 2014 年，我国移动购物市场交易规模达到近 1 万亿元，在移动互联网行业规模占比最高。未来，伴随着线上线下渠道打通，运营商、第三方支付企业及银行将促进移动支付产业的新一轮发展。

毫无疑问，我们赖以生存的这个星球是需要不断进化的，现代化的通信技术和新能源的应用，将成为改变这个时代的驱动力。世界权力格局更替，从掌握资源进化到掌握信息。而移动互联的出现，相当于拥有了接管这个时代的王者基因。这是因为它有着天生的最为先进的技术，它天生将变革世界能源驱动的方式。诚如中国人民大学新闻学院教授匡文波所言，

“移动终端具有高度的便携性，是‘带着体温的媒体’；它可以 24 小时在线，这是传统互联网做不到的”。

可以想见，在未来，移动网络就如同水、空气和食物一样成为我们的生活必需品。在这种时代冲击下，人的感官被无限延伸，知识的获取变得轻而易举，创造性得到提升。与此同时，人们的分享成本降到极低，思想、知识、智慧的分享将促进人群和谐、社会进步。但是，人也将始终处在被“定位”中，作为个体的人更没有隐私。

总体来说，移动互联网的发展是一个不断整合、不断创新、不断拓展的过程，也是一个更广泛、更深入、更规范的过程。全民移动互联时代，现状令人欣喜，未来更值得期待。

商业模式真的改变了吗

智能手机，人手一个。4G 技术（第四代移动通信技术），不再陌生。

这就是当下我们所面临的移动互联时代最直观的现实。如今，O2O、P2P（点对点借贷）等一系列新词纷纷闯入我们的生活，真是“乱花渐欲迷人眼”。那么，对于寻求发展、期待革新的企业来说，移动互联到底意味着什么呢？

事实上，在如此迅猛发展的移动互联时代，企业能否立足市场，进而稳步发展，关键还在于商业模式的创新。当然，成功的商业模式并不一定是技术上的创新，而可能是对企业经营过程中某一环节的改造，或者是对原有经营模式的变革和创新，甚至是对整个行业游戏规则的突破和颠覆。

应该说，商业模式的不同，造就了企业的不同。换句话说，那些成功的企业自然有其成功的商业模式，而失败甚至被淘汰的企业，其商业模式也存在问题。对于当下移动互联时代中的企业来说，平台是其最大的特征。可以说，打造了成功的平台，就证明其商业模式是成功的。比如，苹果公司成功推出一系列产品，开创了终端与服务相结合的“软硬一体化”商业模式。

具体来说，一个成功的移动互联商业模式，需要做到提升平台价值、聚集目标客户群，并针对目标市场进行准确的价值定位。而后以平台为载体，有效整合内外部各种资源，建立起产业链各方共同参与、共同进行价值创新的生态系统，最终形成一个完整的、高效的、具有独特核心竞争力的运行系统，并通过不断满足客户需求、提升客户价值，建立多元化的收入模式，使企业达到持续赢利的目标。

总结一下，可以将移动互联时代的商业模式所需要满足的条件归纳为如下四点：①打造优质平台，建立价值网络；②整合所需多种要素，并建立合理结构；③各要素相互作用，形成良性循环；④平台在整合各种要素满足客户需求的同时必须建立一个各方信任的体系。

从商业组织角度来说，商业模式是企业为利益相关者创造价值的活动总和。此间，企业通过准确界定自己在这一价值链或生态圈当中的位置而获得相应的收益。同时，企业为了实施其设立的商业模式而建立一定的组织结构，与利益相关者共同组成价值网络，维护能够产生效益并继续创造的企业价值。

所以，当我们还在探寻遵循什么样的商业模式的时候，不妨先考虑一下：你能给别人提供什么样的价值？要知道，商业模式都是围绕如何提供价值并获得价值来开展的。

对此，我认为，企业应该从如下5个方面来实施策略：商业模式定位、价值定位和需求的创新、为客户提供好产品、平台的开放性、社会化营销（见图1-1）。

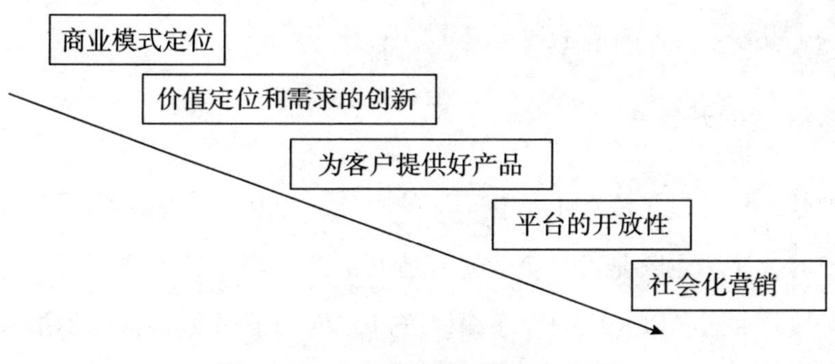

图 1－1　企业实施策略的 5 个方面

1. 商业模式定位

面对诸多机会，企业应确定自身满足客户需求的方式，明确客户服务群体和自己所能提供的产品、服务、产品＋服务、解决方案、赚钱工具；做到发现重点、集中资源，坚持有所为有所不为。这就需要企业做好内外部市场环境的分析，并充分发挥自身资源优势，使企业在市场竞争中彰显自身优势。

2. 价值定位和需求的创新

对任何一家企业来说，价值定位和需求方式的创新都是帮助客户解决问题、满足客户需求的必由之路。要想做到这一点，就需要企业能够“擦亮眼睛”，洞察客户需求、分析产业生态，充分利用移动互联的快速和便捷，深入挖掘并分析客户的数据和信息。

3. 为客户提供好产品

商场上流行这样一句话：同样的价格比质量，同样的质量比服务。移动互联时代，速度已经不再是竞争的重点，而为客户提供性价比最高的产品则是企业获胜的法宝。笔者认为，想要赢得客户青睐，产品和服务需要在这几个方面做到位：独特性、便利性、切合需求。

4. 平台的开放性

如今，早已过了酒香不怕巷子深的时代，而是不断地“吆喝”才能引起客户的关注。也就是说，企业要打造开放式平台。其本质就是构建企业的生态链，通过 API（应用程序编程按口）能力开放，将自己不擅长的事情开放给合作伙伴们来做，通过丰富的应用来吸引用户，最终将用户“吸附”在自己的平台上。

5. 社会化营销

现在，企业纷纷利用微博、微信等新媒体开展与客户的互动，向客户进行产品的推广和品牌的传播，建立和维护与客户之间的关系。与此同时，还可以获得客户的反馈，了解客户的需求，从而更好地为客户服务和创造价值。

由以上诸点不难看出，拥有良好的商业模式是当前企业取得竞争胜利的关键因素。同理，缺乏有效的商业模式是当前企业面临的最大挑战。

显然，谁都不想成为失败的那一个。那么，就借鉴一下前文提到的那些要素吧！同时，结合自身企业的情况，制定出最有利于企业发展的商业模式。

需要提醒的是，在企业发展的不同阶段，对于商业模式的侧重应有所不同。比如，在创业阶段，可以将提供有差异化的、客户体验佳的产品作为重点。当企业到达一定规模之后，推进开放平台的建设、打造良好的产业生态系统更为紧迫。

俗话说“天下熙熙皆为利来，天下攘攘皆为利往”。看上去令人眼花缭乱的商业浮华，背后的根源都是人在起作用。移动互联时代，只有牢牢抓住用户的心，才能在商海的沉浮中乘风破浪，进退有据。

终端智能化时代来了

你有没有想过，5～10 年后的你，会不会失业，或者会不会成为“大门不出、二门不迈”的宅男宅女？

5～10 年后，现在看起来发展得红红火火的一些公司可能就会面临破产的境地，其中有可能就包括你所就职的公司。

这绝非危言耸听，故弄玄虚，而是跟时代的发展进步密不可分的。

我们知道，对企业来说，其运营的成本主要包括员工工资、房租和信息传播。而这些在未来的智能化时代将会被消解掉，也自然会影响到商业模式的兴衰。比如，以富士康为代表的“劳动密集型代工模式”，将要被效率更高且成本不断下降的机器人替代。这样的企业如果还幻想凭借廉价劳动力来获取利润的话，那么无疑是自掘坟墓。眼下，富士康已经采取了措施，将“机器人计划”稳步推进。显然，这是“代工王”寻求变革、摆脱对原有模式依赖，在商业模式的关键资源能力要素上进行重构的行为。话又说回来，谁愿意这样做啊，还不是碍于形势所迫嘛！

同时，商业地产也面临着来自智能化的“催命符”。事实上，商铺是可以被替代的。现如今，以“京东”为代表的电商，在某种程度上就是在“扫荡”底商，并对“国美”“苏宁”等连锁巨头展开“攻坚战”，这些都是重新定义商业模式定位要素的体现。

另外，在终端智能化技术的迅猛发展带动下，远程办公和在家办公的比重会大幅提升。你坐在北京的家里，可能会为南京的某个企业工作，甚至你在中国江南的某个小镇，在为就职的美国公司工作，这就是商业模式业务系统要素重构的成果。

凡此种种，都因为终端智能化已经到来！

那么，到底什么是终端智能化呢？业界对此是这样定义的：终端智能化是指具有终端处理器、安装开放式操作系统，使用有线或无线网络技术实现互联网接入，通过下载、安装应用软件和数字内容为用户提供服务的终端产品。

由于芯片技术的发展，智能终端有了发展的基础。终端操作系统的发展则成为终端智能化发展的关键要素，而云计算技术的广泛应用则是终端智能化的重要基础。它消除了智能终端在处理能力上存在的瓶颈，有效支撑了终端智能化的普及和发展。

概括来说，智能终端有如下特点：

（1）具备普通手机的全部功能，能够实现正常的通话、收发短信等手机功能。

（2）具备无线接入互联网的能力，即需要支持 GSM（全球移动通信系统）网络下的 GPRS（通用分组无线服务技术）或者 CDMA（码分多址）网络下的 CDMA1X 或 3G 网络。

（3）具备 PAD（便笺本）功能，包括 PIM（个人信息管理）、日程记事、任务安排、多媒体应用、浏览网页等功能。

（4）具备一个具有开放性的操作系统平台，可以安装更多的应用程序，从而使智能终端的功能得到无限扩充。

（5）更具人性化，可以根据个人需要扩展机器功能。

（6）功能强大，扩展性强，支持多个第三方软件。

随着终端智能化的发展，信息产业的几乎所有关键要素都得到了发展。网络、应用服务、终端、产业、商业模式等均发生了颠覆性变革，智能终端业已成为整个产业竞争的战略制高点和核心平台，影响深远。

可以说，作为互联网、物联网、云计算、三网融合等战略新兴产业融合发展的基础，终端智能化是网络业务的关键入口和信息消费的主要载体。它已经渗透到了包括国民经济、工作、日常生活在内的方方面面。

可以肯定地说，终端智能化的重要性和影响力在日益增加。但由于智能终端本身安全防护比较薄弱，面临着较多的安全威胁，所以智能终端面临的安全形势要比传统互联网终端严峻得多。其中主要包括芯片技术受制于人，自己没有掌握芯片核心技术，加之芯片本身也缺乏有效的安全功能。另外，在操作系统方面也存在安全隐患。终端操作系统主要是国外产品，我们没有自主知识产权。再者其操作系统本身也会存在不可避免的安全漏洞。还有一点是始终在线的网络连接。智能终端的一大特点就是随时随地连接到网络，这相比传统的计算机终端就更容易受到网络攻击。

这些问题都是到目前为止尚无法完全解决的问题。因此，我们在享受了移动互联时代智能终端所带来的好处的同时，也需要防范其劣势的影响，从而减少安全隐患，避免不必要的损失。

商业模式进入微时代

“生活就像一盒巧克力，你永远不知道谁会成为下一位在你朋友圈中卖东西的人。”一个在朋友圈中广为流传的“段子”写出了当下“朋友圈经济”的火热。

的确，在电子商务蓬勃发展的今天，人们的网购消费习惯逐渐成熟。尤其是伴随着社交媒体等渠道的迅速发展，微商的概念便以不可思议的速度在全体国民的手机中传播开来，2015 年 1 月 17 日，在北京甚至举办了一届前所未闻的大会——中国微商大会。

那么微商们的现状如何，今后又将走向何方呢？

微商，简单来说就是借助移动终端平台上的移动互联技术进行的商品

买卖活动，几乎只要有一个社交网络账号，人人都可以是商人，代理或自营，卖货赚钱。据易观报告数据显示，2014 年中国移动购物用户规模突破 3 亿，增长速度超过 35%，高于 PC（个人计算机）购物用户 25% 的增长速度，移动购物的交易规模接近 10 万亿次，增长率达到 270%。

实际上，不管是 O2O 模式还是 B2C（商家对客户）模式，都可以借助于微营销来实现线上和线下的推广。前者的主要阵地是微博，马云看准了这一点，才为淘宝提供入口。后者则是腾讯的微信独占鳌头，这是新兴模式，这不仅仅是电商销售模式的变革，更是传播模式的更新。

那么，让人们津津乐道的“微营销”与传统互联网营销的区别到底在哪里？举一个例子，西方人吃东西用刀叉，东方人用筷子，其最终的目的就是解决饥饿问题。刀叉与筷子是一种工具，“微营销”也只是一种工具而已。其区别就在于“习惯”不同而已。

“微营销”只是作为一种营销工具改变了购物交易的方式，在移动终端上，动动手指即可挑选和购买，这是在弹指一挥间的工夫实现了传统购物的一些工序，用“高大上”的话说就是进一步解放了人类，说的直白点就是让人类越来越懒惰。

微商经济蓬勃发展，现实中的微商又是如何发展业务提升业绩呢（见图 1－2）？

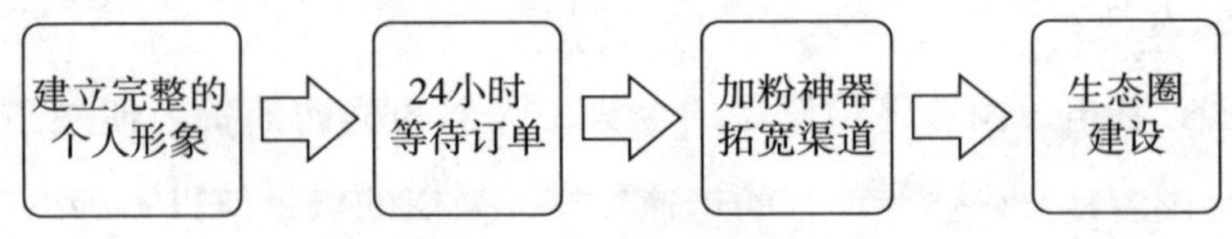

图 1－2　微商发展业务的步骤

首先，建立完整的个人形象。一位业内人士表示，口碑和信任度是影响微商销量的关键，而口碑的提升和消费者信任的取得，很大程度来源于商家的销售业绩和其他买方的评价，因此微商总会在自己的熟人圈维护形象，不想打扰他人，还要能正常做广告。

其次，24小时等待订单。微商是利用社交媒体卖产品的一种方式，主要渠道为微信、微博等平台，这些社交平台原本没有商务性质，这决定了微商进行营销受到限制，为了不漏过甚至任何一次订单咨询，微商要在24小时待命等待消息的同时，手机一有声响就会拿出来查看。

再次，加“粉”神器拓宽渠道。个人圈子人数毕竟有限，而产品信息要传达给更多人只能通过加好友的方式，因此在微商圈衍生了加“粉”神器。笔者有一个朋友买了3部iPad（苹果平板电脑）开100个微信号，每个号都加满5000人，但两个月下来，发出的信息，大部分都石沉大海，好多号被封了。

因此，微商听起来很美，但要做好微商经济，依然需要迈过很多门槛。

最后，微商的未来将寄托于生态圈建设。微商的模式不是一种模式与另一种模式的机械叠加，而是两相融合。从构架、产品设计的模式上，就要跳脱出传统微商甚至是电商的框架。

目前微商的发展存在瓶颈，参与人数多，导致商品质量、真假参差不齐，政府对此的监管及税收政策尚不明朗。对于微商的未来发展趋势来说，不是为了吸引人口袋里的钱，而是“人”本身。以无所不包的互联网文化，吸引人进入理性而自由的社交生活。不再局限于当下的利益，而驻足长远生态圈的建设，并为用户带来比金钱更重要的体验……从这些意义上来说，有家叫“钱宝网”的互联网公司，就在摸索移动社交收益平台，开创了微商新时代。越来越多有这般远见和洞察力的企业出现，让微商的发展更加蓬勃有序。

对比众多微商平台，在如今这个“互联网+”的风口上，钱宝网出的“招”堪称奇妙——微商！并非大家所熟知的“微店”做法，而是一个基于社交的全平台微商概念。微商的工具需求使得众多独立微商平台在2014年迅速崛起，而对于渠道及传播需求，钱宝网则将在2015年依靠大数据等技术手段，完善微商生态系统，极大地帮助微商实现精准传播和营销，规范未来的微商行业。

免费模式是万能的吗

天下有免费的午餐吗?

如果答案是肯定的，那么商家岂不是要赔定了?

天下当然没有免费的午餐，相反，有人认为，在移动互联时代，免费的恰恰是最贵的。

免费模式，实际上是用免费做“诱饵”来换取用户资源。以前，企业大多靠广告来获得用户资源，而免费模式要比广告获得的资源多得多。

《连载》杂志主编克里斯·安德森在《免费——商业的未来》一书中指出：免费作为一种新型商业模式，它代表着数字化网络时代的商业未来。周鸿祎在最新出的书中也提到，当年360通过免费模式打败了所有传统杀毒软件提供商，并通过360浏览器构建了商业模式。

其实这都是用免费获取用户资源，以前的用户资源都是靠广告获得，免费要比广告获得更多资源。通俗点说就是羊毛出在猪身上，大家都踏着免费的欢快旋律赶来了，人流多了，企业便可卡位卖广告。像淘宝、360都需要上门杀毒，就要收费。所以说，免费只是以后总营销的手段，后面跟着的就是可赢利的服务了，否则企业岂不成了冤大头?!

既然免费模式这么能吸引人，并赚钱于无形，那么它是否适合所有企业呢？它是否是一种无可挑剔的万能模式呢?

免费模式当然不是万能模式，需要跟商业模式深度结合。想要运用免费模式，首先要考虑好赚钱的地方在哪里，并且能够保证在免费期间有效获得收入来支撑后续的计划，否则免费不过是镜花水月。另外，免费也不是重构商业模式的唯一方法，甚至在某些行业会成为毒药。

重构商业模式最根本的是重新构建企业与利益相关者之间的交易结构，也是可获益产品和用户间的关系重构。别人都是线上，而你是O2O了，这就是一种重建。琢磨好自身企业的产品与用户间能够通过什么来形成一种快捷而又紧密的联系，方便触及目标用户，只要找到这个答案就会衍生新的模式。

也有人会问，免费模式适用于任何领域吗？移动互联时代，如何通过免费重构商业模式呢？

笔者要告诉大家的是，免费模式，关键看产品的价值链和交叉补贴价值，如果产品有一条好的价值链，你可以在用户认为核心的地方考虑让利或零利润或全免费，可以得到很多基础用户，有了很多用户就可考虑在第三方收费或用其他方式赢利。否则，就不要轻易采取此种模式。

互动百科经过综合分析，舍弃当时最热门的本地搜索，将方向定位为百科，并以国外维基百科为模板，这是当时为数不多竞争不是很激烈的行业。

以自由、免费、开放、自动净化、内含文化价值、用户写作创造内容而闻名的维基百科，已经逐渐成长为全球第五大网站。但很多人可能不知道，维基百科并不是营利机构，它是国外为数不多的非营利性机构，采取的是依靠捐款的公益模式，其创始人也曾经试图将其商业化，但最终均以失败而告终。它的这一“免费”战略被互动百科成功借鉴。互动百科经过本土化的创新后，成功在中国打开市场。和维基百科不同的是，互动百科可不提供“免费的午餐”，而是一家营利企业，并在上海成功上市。

可以说，免费是一把利剑。不必对每个敌人都拔剑，宝剑出鞘，伤敌一千，自损八百。只有那些拥有精深内力的高手方能驾驭自如，而内力的修炼就是你的“生态和链条”。应该说，未来所有商业模式的竞争，都不是点对点的竞争，而是生态对生态，链条对链条的对抗。

另外，企业要想实施免费战略，还要考虑边际成本的问题。产品的边际成本要尽量低甚至免费，这样能使企业尽量避免赔钱。

在经济学和金融学中，边际成本是指每新增一个单位产品相应增加的成本。就目前来说，网络产品的边际成本很低甚至为零，新产品的销售量对产品总成本的影响力最小。

此外，腾讯、百度、阿里巴巴等拥有强大网络平台的免费企业，其边际成本无一不是很低甚至为零的，它们仅需对消费者提供产品下载服务，无须支付更多成本就很容易实现赢利。

再看传统产品的边际成本。

上海地铁站定点投放的《I 时代报》是一份免费报刊，每天约有 40 万份的发行量，目标族群是受到高等教育，并且拥有一定消费能力的白领。报刊内容非常丰富，包含了政治、经济、文娱、体育以及各种生活信息，因此吸引了一大批固定广告商。谁也想不到一份薄薄的报刊其收益竟然达到 3 亿元，而且仅是广告收费。

相对来说，由于发行量巨大，《I 时代报》的边际成本非常低。

对于边际成本来说，总产量越高，则边际成本越低。比如，仅生产一本《I 时代报》所需的成本很大，但是生产第 1000 册时，成本会低很多，而生产 10 万册时，成本会被再次降低。

免费战略会使商品的需求量增大，也会使边际成本降低，而边际成本的降低，会使免费产品的损失降低，这是免费战略在边际成本方面形成的一种良性循环。

有很多企业家重视免费，开始想方设法将免费战略应用到自己的企业，企图为企业带来希望、带来突破，但遗憾的是很多人都看不清免费的商业本质，因此事倍功半。

由此说来，企业一定要抓住制定与实施免费战略的商业本质，然后研究实施免费战略的条件。务必明白的是，制定与实施免费战略，并不是有资金、有规模便可大行其道。通常免费产品能够以某种方式创收是成功实施免费战略的首要条件。

事实上，所有的企业无论是免费还是收费，都脱离不了商业的本质——赢利，而企业实施免费战略，并非真做慈善机构，追根究底是为了更好地收费和赢利。

移动互联对广告模式的促动

用过一段时间微信的人，恐怕没有几个没收到过各类移动应用（App）的吧！

App 是什么？它是一种媒介，但是它又超越了媒介。因为它的属性涵盖了付费媒介、免费媒介、自有媒介、劫持媒介、出售媒介五大媒介类型。观察下我们周围，哪一个人没有智能手机，哪一个人没有下载这样或者那样的 App？而这里面往往蕴含着商业广告。这也是继短信、彩信之后出现的新的广告模式。

如今，随着移动互联网时代的到来及触控移动终端的广泛流行，各类 App 成为移动广告新的载体。移动应用广告正是在这一良好趋势下应运而生，并成为新的蓝海，有着极大的掘金机会和战略意义。

我们知道，手机、平板电脑等移动媒体与传统平面媒体、互联网媒体相比，具备位置性、随身性、隐私性、长期在线等优势。同时，相对于WAP（无线应用协议）广告、短信类传统手机广告等形式，移动应用广告在精准匹配、互动性等方面也略胜一筹。总体来说，移动应用广告具备了精准性、位置性、互动性、长尾性等特征。

在精准性方面，区别于读取PC/手机浏览器Cookies（服务器暂存数据）所获取的用户上网行为特征，通过手机应用及内置广告一方面可抓取得到机型、操作系统、IMEI（手机串号）等标准化信息和媒体使用行为等非标准信息，从而实现人口统计学和背景信息推断，描绘更为精准的用户行为、使用时间等特征，从而实现广告的精准智能投放及管理。

在位置性方面，手机具备与生俱来的位置属性。基于用户地理位置的相关广告展示及周边信息推送，相对于粗放型广告投放，该广告形式能有效提升点击率及关注度。

在互动性方面，基于App封装的特性，用户可在不离开App活动界面的情况下调用系统及硬件功能，最大限度地实现用户体验的流畅和一致性。手机广告的互动性在这一前提下具备各种可能。

在长尾性方面，手机应用的用户使用行为趋于分散。类似门户等流量集中的媒体，在应用时代极难形成，大量应用在短期内被用户消耗。这意味着即便依靠持续更新及升级的App游戏，也将面临着用户急速倦怠等难题。对于广告平台来说，杀手级应用的缺乏和长尾特征是其定制发展策略必须考虑的现实问题。

无疑，移动应用广告平台已经成为新型移动互联网商业模式。在应用广告的运营模式上，平台化是主流的广告分发模式。应用广告平台一方面整合海量的移动应用，另一方面对接品牌及行业广告主，实现手机广告分发及产业链共赢。

在具体广告投放中，移动应用广告平台兼具多种功能：按照广告主需求指定广告投放方案；对所覆盖应用进行数据挖掘，实现基于机型、操作系统、用户特征等因素的媒体类属划分和市场细分；对广告进行智能投放、实时监测和数据反馈；进行移动应用审核、上线、广告计费、广告结算等。

当然，移动互联时代的广告模式并不能因为具有这些客观的优势就万无一失了。要想在同行业竞争中取胜，还需要不断开拓创新。因为现在大部分移动互联网的呈现方式是传统 Banner（旗帜广告）条，很简单的页面呈现形式，可能未来的广告会根据广告主的特质以独特的广告形式呈现，当然这对移动互联网营销公司的技术力量、策划团队、创意团队也提出了更多的要求。

另外，用户体验很重要，你的产品口碑的好坏不在于你的产品卖多少，而在于你的产品能不能做好用户体验。利用手机和网络，易于开展企业和消费者之间的交流。这对企业具有重要意义，也能加强消费者口碑的形成。

最后还要提醒一下，移动应用广告平台也存在一定的问题。比如渠道合作、媒体覆盖、媒体价值等。这些问题的存在，既是因为市场发展初期，商业环境及应用市场仍未完善，导致不同平台采取不同的战略布局；也因为开发者经验有待积累，对应用营销及推广有待学习。长期来说，这三类问题会随着市场良性发展而逐步淡化，但目前仍是多数平台面临的困境。对这类平台来说，如何平衡开发者与广告主利益、快速聚集客户及媒体资源、提升广告精准定向能力，是未来在竞争中制胜的关键。

电子商务发展大趋势

你在淘宝买过东西吗？如果没有，那么京东呢？当当呢？亚马逊呢？

对这几家著名电商都“不感冒”的人恐怕不多见，甚至有不少人的主要生活用品都购于这些网络上的商城。这正是因为移动互联网的出现，让“在线”这件事变成了随时随地，它会将“在线支付”延伸到现实日常生活中。

十几年前，社交网络刚刚兴起的时候，着实让人们感受到了“世界是个地球村”的威力。而移动互联网的发展比社交网络更加成熟。特别是随着智能手机的诞生，手机的计算能力已接近计算机，形成了新的强大的数据处理中心和平台。

移动电子商务，顾名思义，它是相对于“有线的电子商务”来说的，也就是不再以固定的 PC 机及有线网络为载体，而是通过各种移动通信设备和无线上网技术结合所构成的一个电子商务体系。移动电子商务已悄然走进人们的视线，并以其方便快捷、无所不在的特点，成为现代商务发展的新方向。

问问我们自己，或者身边的朋友，如果一天没有手机会是什么感觉？有个朋友曾调侃说一下子不知道该怎么面对这个世界了。这种说法虽然有些夸张，但也着实反映了手机对于现代人的重要性。没有手机，不光无法与人交流，而且也缺少了浏览信息的工具，缺少了购买所需产品的设备。这样一来，自然就会产生一种没有手机就会无所适从之感。

随着移动电子商务的发展，手机不再仅仅局限于语音和短信功能，越来越多的数据应用应运而生，各国的研究机构和相关企业的研发部门，越来越关注移动银行、移动支付的应用。现如今，对很多城市里的人们来说，移动支付已经成为其生活中不可或缺的一部分。应该说，移动支付在改变了企业电子商务交易模式的同时，也改变了消费者的支付方式。

原本靠计算机网络和网购构建的市场，会彻底变成一个小市场。同时，移动互联网将碎片化的时间、空间利用了起来，这对电子商务是一个巨大的补充。

在此种局面下，作为电子商务核心的移动支付技术和应用也得以快速发展。移动支付已越来越凸显出网络技术移动化、运作方式市场化、服务功能多样化、消费应用社会化和产业链条联通化的趋势和特点。

前面所述都是移动电子商业行业在当今的机遇，俗话说“机遇与挑战并存”，接下来我们就看看移动电子商务存在哪几个方面的挑战（见图1－3）。

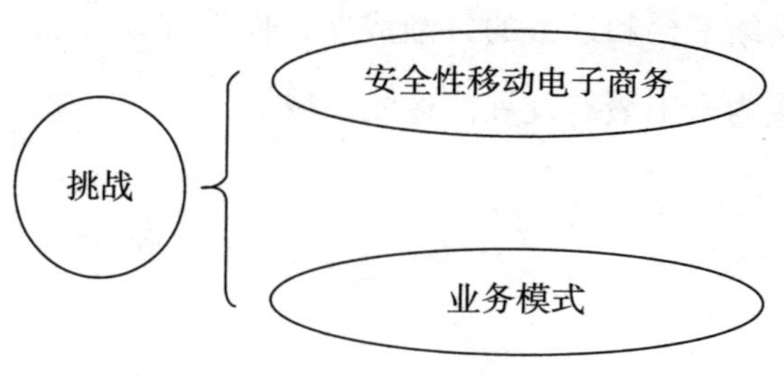

图1－3　移动电子商务存在的挑战

1. 安全性移动电子商务

即利用手机、掌上电脑等无线终端进行的B2B（企业对企业）、B2C或C2C（消费者间）的电子商务。人们可以在任何时间，任何地点进行各种商贸活动，实现随时随地、线上线下的购物与交易、在线电子支付以及各种交易活动、商务活动、金融活动和相关的综合服务活动等。在移动互联网上进行金融交易，安全性是人们首先考虑的问题，也是移动电商所面对的最大挑战。

2. 业务模式

移动电子商业模式涉及移动网络运营商、网络设备提供商、移动终端提供商、内容提供商等，这些参与者以移动用户为中心，以移动网络运营商为主导，在一定的政府管制政策限定下开展各种活动，以实现自己的商业价值。如何协调好各个部门的工作，使其发挥最大效力，是移动电商面临的又一难题。

尽管如此，电子商务因其成本低、时间短、方便、快捷的特点，仍将长期成为最受关注且增速最快的领域。同时，移动电商业已探索出更为合适的经营模式，而智能手机的兴起为其发展壮大铺平了道路。可以说，从传统的互联网到移动互联网，从传统的实体商家到借助于网络平台的电子商务，再加上网络平台和设备的日渐成熟，使得移动互联网与电子商务越来越被看好，成为未来最有发展前途的领域。

第二章

复制借鉴：模仿还是移植

“商业模式”的定义就是焦点企业与利益相关者的交易结构，是关于企业“做什么，如何做，怎样赚钱”的综合体。任何一种优秀的商业模式在日趋成熟的过程中，都付出了高昂成本，甚至是历经磨难的。但是商业模式是能够被复制的，只要在复制的过程中注意自己所选择复制的目标和施行复制的过程，那么复制一个成功的商业模式也并非不可能。

商业模式可否被复制

现今时代，不管是企业家还是资本家，对于“商业模式”这个词都十分重视，甚至偏爱。不少人到了“言必称商业模式”的地步。似乎没有商业模式，企业家就不懂得如何经营企业；没有商业模式，资本家也就不屑于投资似的。

伴随着商业模式的流行，关于其是否可复制的问题也成为人们争相讨论的焦点。对于这个问题，各方的认识并不相同。

1. 商业模式的独特性

对商业模式的认识大致可分为两种：其一是认为商业模式是完全不可复制的；其二是认为商业模式可以被复制。

我们知道，商业模式说到底就是企业与利益相关者的交易结构，是完全具有独特性的东西，是一家企业成功的“独门绝技”，别人是不可复制过去的。在这样的认识下，很多企业就开始醉心于研究、寻找、建立“只属于自己的商业模式”，并期望以此建立核心竞争力。但是，事实却告诉我们，很多商业模式尽管创新了，可最终并没有带来商业上的成功。有不少商业模式看起来新颖独特，独领风骚，但很快如匆匆过客，成了别人登顶的垫脚石。

这是对第一种认识的解读。我们再来讨论一下第二种认识。在当今移动互联时代，任何成功的商业模式似乎都没什么“秘密”可言。因此，只要把这些流程、标准、关键资源等统统复制过来，那么复制整个的商业模式也就根本不是难事。但现实同样给了人们当头一棒。有些企业看似复制了别人的商业模式，但在具体的文化理念、组织、队伍上却差别很大。

据我多方观察了解，很多企业家都有过这样的经历：创业之初总是寻找标杆，希望能够更多地吸取经验，加快自身的发展，所以几乎全盘照收很多企业的做法，但是真正运用起来却完全不是那么回事，磕磕绊绊。拿连锁餐饮来说，中国有很多企业都在模仿肯德基、麦当劳，可有几个成功的呢?

说到这里，我们就要明白，商业模式中有一部分是可以复制的，而有一部分却是不可以也不应该简单复制的。任何商业模式都有其独特性，主要体现在以下三个方面：

第一，商业模式产生的土壤是不同的。

任何商业模式都产生于特定的创始人价值观、特定的社会环境、特定的时间、特定的地区、特定的技术条件。这些条件变化了，也就代表产生商业模式的土壤变化了，当然这个商业模式就完全变化了，所以商业模式特定的土壤决定了它的不可复制性。人不可能踏入同一条河流，同样商业模式也不可能完全被复制。

第二，商业模式产生的文化价值观是不同的。

商业模式是由人创造的，而人与人之间最独特的东西是什么？是文化与价值观。商业模式根植于人的价值观。人的价值观无法被复制，所以商业模式也无法被复制。从这个角度来说，商业模式根植的商业价值观、商业哲学完全不同、完全无法复制。

第三，商业模式赖以运营的队伍无法复制。

再好的商业模式都是由人来运营的。一群运营商业模式的人是无法被完全复制的。即使你把这支队伍完全转到另一个企业来复制这个商业模式，仍然不会成功。因为这支队伍不是活在真空中，他与企业本身是统一的关系。

那么，可以复制的部分是什么呢？是运营所需要的技术。我们可以借鉴和学习别人思考、构建该商业模式时的方法和技术，但不可以照搬照抄。与此同时，企业一定要明确自己构建商业模式时的价值观、商业哲学和文化理念等，再结合自身情况，将两者融会贯通，为我所用。

因此，想要复制成功企业商业模式的企业家们，一定要保持清醒的头脑，对好的地方要借鉴、吸收，对不符合自身企业价值观与现状的地方则要坚决摒弃。只有这样做，才能真正复制别人的成功。

2. 判断商业模式复制成功的标准

判断复制商业模式是否成功的标准可围绕两点来进行（见图2－1）。

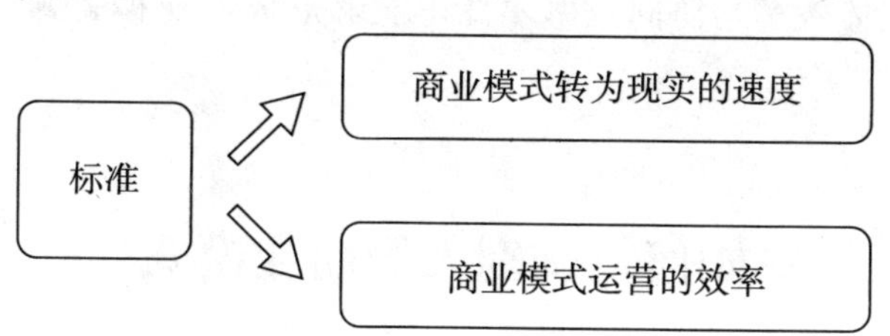

图2－1　判断复制商业模式是否成功的标准

第一点，商业模式转为现实的速度。

大多数企业创新不足，但是模仿能力却非常突出。所以很容易出现一个新的商业模式之后大家群起效仿，从而迅速将蓝海变成红海，产生极其激烈的同质化竞争。这就是中国商业的现实。面对这样的状况该怎么办？在这种情况下，商业模式的价值、独特性固然重要，更重要的是，企业一定要系统规划好商业模式实施所需要的各种策略组合、资源与能力的配备、组织与队伍等，并且一定要设计好商业模式实施的节奏，打造自己的整体运营系统，从而达到“一步领先、步步领先”的效果。企业还要防止在实施过程中由于策略不到位、资源不匹配、能力不够而使得别人后来居上，这恐怕是先行者不愿意看到的。而对于后来者来说，追求的是商业模式转为现实的速度。唯有持续增长达到一定的速度，才能真正赶上竞争对手或者超越竞争对手。

第二点，商业模式运营的效率。

从最简单的意义上来说，商业模式就是提升企业价值的方法。商业模式界定了价值的来源、构成、水平等。而任何商业模式都是在一定的资源限制条件下运营的，所以投入产出比非常关键。

从这个角度来说，商业模式运营的效率极其关键。而这个效率不是单方面的效率，它是指商业模式涉及的所有利益相关者（产业链上下游、企业的合作伙伴、企业内部各部门、职能）所共同组成的整体效率与协同效率。这样的整体效率与协同效率才真正能够形成商业模式的壁垒，才真正不会被模仿。

如何复制别人的商业模式

既然要复制，必定是看到了对方值得自己学习的地方。因为没有谁会拿“差生”做学习的榜样。但是，看起来再成功的企业、再好的商业模式，也需要结合企业自身的特点来选择性地吸收才行。所以，当被别人问到如何复制他人的商业模式时，笔者都会告诉他要注意所选择复制的目标和实施复制的过程。只有基于这两点之上的复制，才可能会拥有一个成功的商业模式。

简单来说，所谓商业模式，就是关于企业做什么，如何做和怎么赚钱的综合系统。在快速扩张的大潮中，通过兼并和收购，将优秀的商业模式复制到新的企业，成为很多企业做大做强历程中的必经之路。

移动互联时代，由于信息传播和共享的速度更快，空间更广，复制别人的商业模式似乎更加容易，也更有必要。毕竟任何一种优秀的商业模式无不在日趋成熟的过程中付出了高昂的成本，甚至是经历了诸多艰难险阻的。倘若直接将别人成功的模式拿过来为己所用，岂不是在很大程度上减少了成本吗？

还是那句话，复制不能是照搬照抄，而是有所借鉴，有所摒弃。在近几年对一些相关的成功和失败的案例进行分析之后，我发现要想成功地复制别人的商业模式，现代企业应该注意以下几点（见图2－2）。

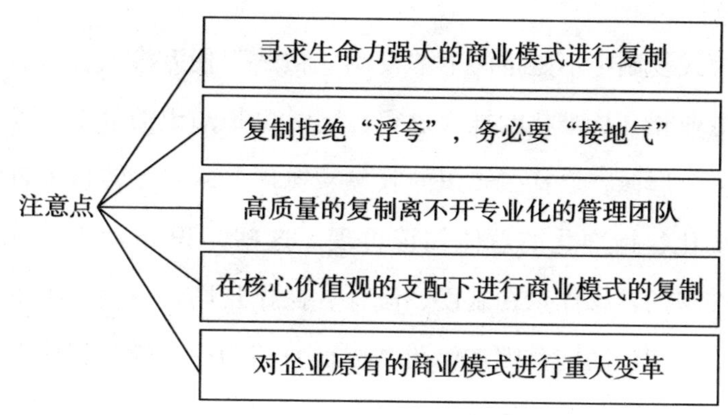

图2－2　复制商业模式的注意点

1. 寻求生命力强大的商业模式进行复制

我们知道，生命之初需要有优质的基因才能为新生命本身奠定良好的基础。复制他人的商业模式也同样需要考虑“基因”问题。优秀的商业模式必须是曾经成功过的、有生命力的、在未来一段时间内不会被淘汰的。

多年以来一直经久不衰的戴尔公司，其几近完美的直销模式被复制到了各个国家的很多个行业，就有力地说明了这一点。所以，对于那些未成形的或者缺乏清晰化构成的商业模式，即使当时能够获得不菲的利润，也不能去复制。

2. 复制拒绝“浮夸”，务必要“接地气”

在北京颇受欢迎的“庆丰包子”，原封不动地到了上海就不一定会是“香饽饽”，因为人们的饮食习惯、生活习惯、社会文化等有所不同，所以对企业来说，商业模式需要因时、因地、因人制宜才行。而能否真正地本土化，也是判断一个优秀的商业模式是否落地生根的直接依据。

3. 高质量的复制离不开专业化的管理团队

商业模式复制绝不是按两下“复制、粘贴”便万事大吉，而是一个费时费力的专业化和标准化的推广过程，同时也是知识的复制过程，涉及知识管理的多个层面，囊括了知识的收集、梳理、共享、转移等过程，结果体现为系统化、标准化的总体知识再现。这些知识分为显性和隐性两大类，显性知识的转移体现在制度、流程、操作规则、计划、组织、控制等方面；而隐性知识的转移则需要团队成员身体力行、潜移默化的传播，以形成科学的体制和机制为体现。

所以，要想成功复制一个优秀的商业模式，离不开专业化的优质管理团队。

4. 在核心价值观的支配下进行商业模式的复制

将别人成功的商业模式进行复制，还需要洞察并把握和商业模式相匹配的核心价值观。从表面上看，在商业模式中是业务流、信息流、现金流和物流的共同作用，但实际上体现的是一个企业的思考和行为方式。因此，无论要复制多么成功的商业模式，都不要脱离企业自身的核心价值观。

5. 对企业原有的商业模式进行重大变革

对于新创立的公司，这一点可以忽略不计，而对于已经建立在其他商业模式上的企业来说，要复制别人成功的商业模式，则需要改革。例如，当西南航空推出快捷、灵活和廉价商业模式的时候，其他公司要模仿，就势必牵涉对员工重新培训，将营销和定价策略进行改变，甚至调整航线及改变企业文化等重大变革。这样的变革是要付出代价的，而这代价并不是每个企业都能够承受的。

总之，商业模式是一项系统工程，不能简单地照搬照抄，而是需要通过内部的协调整合，才能从创新中获得价值。作为已经具备成功商业模式的企业来说，其保护系统也往往较为完备，使后来者要想破解其内在结构变得不那么容易。这为模仿者带来了更大的难题，也是我们很少看到对商业模式的迅速复制的原因所在。

盲目复制的商业模式注定要失败

坊间一度流传这样一个“段子”：

一女神同事，老公给她送饭，没说话放下就走了。

新来的男同事问：那是谁?

女：送外卖的。

男：没给钱?

她：不用给，晚上陪他睡一觉就好了。

男同事沉默了，第二天，给她带了四菜一汤的午饭，整个办公室哄然大笑……

看到这个故事，令人禁不住发笑。其中的道理很简单：不要只根据表面的观察就盲目复制别人的模式，人家有什么关键资源、能力可能是你不知道的，也是不具备的。

但不得不承认，在管理学词汇中，“商业模式”已经成了最火爆的词汇。管理学大师德鲁克曾经指出：“当今企业之间的竞争，不是产品之间的竞争，而是商业模式之间的竞争。”在企业界，学习商业模式、应用商业模式俨然成了一种风尚、一种潮流。

正因如此，很多人开始对商业模式产生了迷信，认为商业模式一抓就灵，别人成功的模式自己复制过来也能成功，还有一些人认为商业模式可以通过一定的原则设计出来。照此说来，商业模式真的就像个模具一样可以任意复制、一试就灵吗？

客观地说，企业的成功确实要依赖好的商业模式，这一点是毋庸置疑的。但必须清楚的是，所谓“好”的商业模式，也是有着特定的条件限制的，比如特定的时间、特定的环境。那种被其他企业证明了十分成功的商业模式，如果不加区别地盲目复制，也可能会给企业带来失败的厄运。所以，一定不要盲目复制别人的商业模式。

近些年，中国服装外贸面临的挑战加剧，有一大批中小企业开始转向内贸。但它们没有品牌和渠道，高昂的商场入场费也让它们难以承受。所以，一度出现了销售乏力、产能过剩等问题。这时候，ITAT集团（香港的大型国际品牌百货连锁机构）的老总欧通国发现，经过了几年疯狂的地产扩张，一大批商业物业出现了空置，他认为新的商机出现了。这个商机就是：通过为中小企业和拥有闲置物业的地产商搭建一个交易平台来赢利，由生产厂家（供应商）负责供货，业主

（场地提供商）负责提供物业场所，而自己则作为一个第三方全面负责店面经营管理。三方共担风险，共享利润。对于这个模式，欧通国胸有成竹，他称其为“铁三角”模式。

这个模式确实是高明的！按照这个模式开一家店，成本只需100万元人民币，所以可以在短时间内开多家分店，实现爆炸式增长，迅速形成覆盖全国的零售连锁网络。不仅如此，相当大一部分零售业态的风险都可以转嫁给供货商和业主，自己几乎是面临零风险。此外，平台的搭建也符合产业链整合的趋势。如此说来，这个模式堪称完美。

看上去无比诱人的一种商业模式，很快就受到了诸多资本的青睐：中联海外、摩根士丹利、美国蓝山（中国）资本等纷纷同意注资。在资本的大力扶持下，短短几年内，加盟店已经达到了700多家，遍布全国270多个城市，年销售额近40亿元，利润超过10亿元。欧通国被这种芝麻开花节节高的态势激发出了更大的雄心，他宣布ITAT的销售额将很快突破100亿元，并且正积极谋求在香港上市。

然而，谁都没有料到，这个被人们看作业界新兴的企业，居然在一年内陨落了。由于ITAT扩张势头过猛，需要资金投入过大，因此资金链曾数度出现了断裂的危险。在这种情况下，迅速上市就成了ITAT脱困的唯一选择。

但是，ITAT的上市之路并不平坦，先是在港首次聆讯便遭到否决，随后其上市保荐人高盛与美林相继退出保荐上市的程序。接着，第二次聆讯再次被否决。上市受挫后，ITAT开始出现了土崩瓦解之势，各处的店铺接连关闭，总部也跟着关闭。这时候，曾经认为坚不可摧的“铁三角”成了不堪一击的“泥三角”，令人唏嘘。

当然，不可否认，造成 ITAT 失败的原因不止于此，还包括公司发展动机不纯、管理能力不强等因素。但这些都不是造成 ITAT 迅速崩溃的主要原因。笔者认为，ITAT 之所以迅速瓦解，其商业模式中的关键资源能力和自由现金流结构设计不合理是关键因素。

综上来看，商业模式再成功，都不可能放之四海而皆准。企业要想走向成功，还需要审时度势，对自己进行综合的、全方位的考量，再借鉴别人成功的模式和经验，从而避免盲目复制商业模式而将企业带入万劫不复的深渊。

模仿商业模式要学其根本

人说天下文章一大抄，未必如此，但说天下商业模式一大抄，恐怕没人怀疑。正像好的文章被广为传播，其中有价值的思想被人们不断演绎、不断模仿、不断摘抄，并从中汲取营养一样，从古至今，几乎没有哪一种商业模式找不到竞争者，找不到模仿者的，除非你的商业模式根本没有价值；同样，几乎每一个成功的商业模式都是在模仿别人的商业模式的同时，不断嫁接、不断创新的结果。从某种角度看，商业模式模仿别人的程度，反映出商业模式创新的程度；商业模式抄袭的程度，反映了商业模式价值的大小。

模仿是商业模式创新的基础，几乎所有成功的商业模式都是在不断模仿的基础上创新的。

当年，一个叫 Myrice 的网站抄袭了网易的商业模式，用个人主页空间来吸引当时的不到 600 万上网用户。后来因为 Myrice 看不到商业前景，卖给了 Lycos（网站名）。相反，网易则因为坚信商业模式可以不断完善，可以不断借鉴别人的成功经验，可以将别人的模式融会贯通成为自己的独特商业模式，而造就了一个中国首富。

腾讯的成功，同样模仿了无数的商业模式，腾讯作为中国现在最成功的互联网公司，同样是在对其他商业模式不断模仿和嫁接中成熟、成长的，至今都没有为产业提供原创性的创新产品。甚至，腾讯公司的标志性符号，那只企鹅的标志，就是完全模仿 Linux（一种操作系统），几乎可以逼真。

也许有人会觉得模仿别人的商业模式是很丢人的事情，但实际上世界上没有百分百模仿成功的案例，几乎所有成功的模仿都是与其他商业模式和资源嫁接在一起，都被赋予了新的形式或内容。

即使是同样的商业模式，也不一定都会取得成功，找到了好的商业模式，不仅仍然需要不断创新，同时还要坚持对其商业价值的执着追求。腾讯坚持模仿创新的商业模式为我所用，并将众多商业模式融合为独特的腾讯模式，使腾讯的商业模式不断完善。

据说，有一个人做 ICQ（一款即时通信软件）工具比腾讯早了一年，因为没有看到即时通信商业模式的前景，没有看到即时通信与其他商业模式嫁接会产生的乘数效应，当时只想在行业内推广，一开始就想收费，不到一年，就彻底退出了市场。而腾讯用免费商业模式的不断模仿和嫁接，最终获得了成功。

当年新浪也做了一个新浪即时通信工具“新浪寻呼”，据说当时腾讯由于资金紧张，很想把 QQ 卖给新浪，但新浪并不认同 QQ 有多大价值，也因为当时的新浪并没意识到即时通信工具在互联网中的重要性，就自己开发了一个“新浪寻呼”。因为使用和推广的不利，更是因为没有坚信即时通信的商业价值，新浪寻呼悄无声息，而腾讯的 QQ 名满天下。

这种商业模式的模仿，失败之处就在于没能坚持，也没有把即时通信与门户网站的价值加以有效嫁接，没有产生乘数效应。谁能想到，在ICQ（网上寻呼机）、AOL（美国在线）和微软都有功能强大的即时通信工具的今天，腾讯仅仅因为坚持和不断嫁接新的商业模式而能获得成功？因此，可以说，绝大多数商业模式创新都是建立在成功模仿基础之上的。

正如有哲人曾经说过的："善学者，学根本，是为胜；不善学者，学皮毛，必败无疑也。"

商业模式应在竞争中设计和完善

企业若想要蓬勃发展，管理者就必须了解商业模式是如何运作和管理的，虽然对此大家均无异议，却无法就商业模式的有效界定达成共识。

好的商业模式具有某些共同特点：与企业目标一致、能够自我强化、能为企业带来活力。最为重要的是，成功的商业模式能够产生具有自我强化能力的良性循环（或说反馈机制）。这是商业模式最具影响力的一个方面，同时，也是最易被忽视的一个方面。然而，良性循环也不可能周而复始、永不停歇。一般它们会达到一个极限，并引发循环制衡；或者，它们因为与其他商业模式的互动而放缓运行的速度。事实上，一旦循环被中断，其协同效力将在反方向上发挥作用，并蚕食竞争优势。

企业通过商业模式开展竞争的方式有三种，见下表。

企业通过商业模式开展竞争的方式

方式	说明
强化自身的良性循环	比如，空客公司研发出空客380，在超大型商用客机市场挑战了波音747的垄断地位，不仅帮助空客公司维持了在小型和中型飞机领域的良性循环，而且对波音公司的良性循环形成了有效遏制

续　表

方式	说明
削弱竞争对手的良性循环	比如，从理论上说，Linux 的价值创造潜力或许比 Windows 更大，但是微软利用与代工生产商的合作关系，在个人台式机和手提电脑上预装了 Windows（视窗）操作系统，从而阻止了 Linux 拓展客户基础，成功地遏制了 Linux 的关键良性循环
变竞争为互补	比如，在线博彩交易所必发公司创新了博彩方式，允许彩民匿名相互下注，与传统博彩公司展开了较量。但由于必发从整体上调整了赔率，让玩家得以少输一些钱。这样，玩家会更多地下注，从而形成一个良性循环。这极大地拓展了英国的博彩市场，竞争对手也渐渐地越来越包容它的存在了

对于管理者来说，再没有比战略、商业模式、战术更有用，但又更容易被误解的概念了。很多人混淆了这三个概念，结果导致令人遗憾的决策。

毋庸置疑，这三者之间是相互关联的。但是，商业模式指的是企业运营的逻辑，也就是企业如何在市场竞争中运作，并为股东创造和获取价值；战略指的是通过规划为企业设定一个独特而有价值的定位，包括一系列差异化的行动。

改变战略选择的代价可能非常高昂，但是企业仍然可以通过相对简便且代价较小的一系列选择来参与竞争。这些就是战术，即企业根据商业模式所做出的其他相应选择。商业模式决定了企业可以在市场竞争中所采用的战术。

战略注重的是通过捍卫某一独特的定位，或通过开发利用一些特殊而宝贵的资源来建立竞争优势。这种定位和资源由一系列良性循环所创造，因此管理者应该开发能够激活这些良性循环的商业模式。这是一项艰巨的任务，尤其是，你不可避免地要与竞争者、互补者、客户和供应商进行互动，而他们也都在为创造和获取价值相互竞争。这是竞争力的本质所在，要知道，制定战略、战术和创新商业模式从来都不是件容易的事。

商业模式就是企业的竞争工具

常言道，有地图者不迷路，有模式者不盲目！企业竞争有模式、无定式，在实践中，有人却往往以“兵无常法，水无常势”来贬低商业模式的价值。从而导致一些企业以“摸着石头过河”为荣，标榜自我创新发明为乐。实际上，忽视商业模式就是轻视规律。

有效的商业模式是建立在企业对外部环境的准确把握和内部资源的优化配置上，商业模式的创新和发现是当今企业竞争制胜的关键，也是在复杂的市场环境下企业应对变化的重要工具。

一般来讲，有几个重要环节制约着企业的快速发展，包括产品优势与行业地位、发展阶段与规模实力、经营业态与竞争模式等，从而也决定了企业的综合竞争能力。譬如，在数码科技产品与传统电子产品之间，在大型流水线作业与作坊式加工之间，在大卖场与便利商之间，决定企业竞争模式的正是其经营业态、产品优势、资源实力和行业地位。

当一种商业模式的效用在市场中发挥到极致，或者众多企业群起而效仿之，大面积的商业模式趋同就会导致商业模式失灵。因此，商业模式思维的建立，商业模式的创新与发现，既有利于企业家、经理人洞察趋势、把握先机，也有利于企业从根本上应对市场变化、掌握竞争规律。

商业模式的重要意义，不仅在于能够比竞争对手更快速地发现环境变化、价值流动与利润转移，还在于能够比竞争对手更准确地识别变化和紊乱背后的稳定与秩序。发现商业模式，就是在纷乱复杂的市场竞争中建立一种相对稳定的商业秩序与价值逻辑。对市场来说，变是长久的、绝对的，不变是短期的、相对的。

商业模式思维不仅在于把握长久的变化与规律，还在于把握短期的稳定与范式。对企业营销来说，商业模式的价值在于抓住变中之不变，在于把绝对的变化转变为相对的稳定；把绝对的行业颓势转变为相对的产业优势；把绝对短暂的企业生命周期转变为相对较长的生命周期；把顾客绝对的差异化、个性化需求转变为相对的标准化、大众化需求；把绝对的成本提高转变为相对更多的成本降低。

显然，通过实践才能形成理念，丰富的思想才能成就方法，事物的规律才可演绎成模式。一句话，无数的相对才构成绝对，企业不仅要把握绝对，还要把握相对，这是当今营销思想与商业模式创新从哲学高度给予我们的启示。

从商业模式的视野，更能够准确地看到清晰的企业远景。发现和掌握一个行业的关键模式，不仅能够帮助企业做出正确的决策，还能够引导顾客作出明智的选择。如果你比自己的竞争对手更好地理解顾客需求，就可能在竞争中占据更多主动；如果你比自己的竞争对手更快地洞悉行业趋势，就能够在变化中把握更多先机；如果你比自己的竞争对手更早地预见一种商业模式的瓶颈，就能更快地实现商业模式的创新、企业的转型。

在实践中，没有一个放之四海而皆准，适用于任何企业并一成不变的商业模式，也没有一种商业模式会永不过时。随着科技的发展，竞争的加剧，企业越来越注重以多种模式的相互作用与弥合来构建自身的竞争工具与模式体系。从农业经济向工业经济的迈进，从知识经济向网络经济的跨越，企业对市场规律的认识越来越深，对顾客需求的理解越来越准，这说明商业模式思维对经营实践的作用越来越强。从本质上说，一种商业模式就是一种理念、规则与方法体系，也是一条环环相扣的赢利链条。

对企业来说，从价值链模式到客户模式、从产品模式到渠道模式、从组织模式到文化模式等，只有在实践中不断进行模式思维的训练、提升，才可能不断总结、发现新的商业模式创意与方法，这既是当今企业生生不息的源泉，也是市场万象更新的命脉。

移动互联时代，商业模式对于企业经营的独特价值愈加明显，在充满动态和复杂的市场结构中，商业模式以变制变及以不变制变的独特功能，既反映了商业模式对于市场规律的深刻认识与把握，也反映了模式应对环境的机动灵活与弹性。

在市场过度竞争的当今，居于企业重要地位的创新不再是某个独立要素的创新，而是包含多种要素与方法的工具模式的创新。企业决策者只有打破常规的、传统的思维定式，保持高度灵活的营销思想和机智敏锐的市场器官，才能在市场竞争的理念与方法上进行系统创新，以思维突破和模式领先来赢得市场目标。因此，商业模式既是当前企业竞争的前瞻思想，也是今天企业应对环境挑战的有效方法。

商业模式正在走向不可复制

简单来说，“商业模式”这四个字就是：复杂的事情简单化，简单的事情重复做。重复很重要，重复意味着：可复制。移动互联时代，由物理距离带来的信息不对称正在被商业弭平，工业时代的可复制规律正在逐渐瓦解和崩溃。一个新的格局正在形成：几家寡头垄断一个业态，而这些寡头又各有各的独门武器，相互之间很难有可复制的地方。

我们知道，复制商业模式主要有两个方向上的讨论，其一是针对业态中的公司模式；其二是针对单个商业组织的业务模式。比如关于媒介转型，以中国上市的几家纸媒公司为例，新华、浙报、博锐、华闻、粤传媒，还真的难以总结出一个模式来，或者说，各家都有各家的模式，而且各家模式其他家都很难仿冒。一言以蔽之，八仙过海，各显神通。

业态中的可复制模式，这件事是“流水线＋科学管理”的工业时代的痕迹，移动互联时代恐怕不再是这样了。工业时代的业态内公司的可复制之所以成立，在于物理距离，大大小小的媒体，说白了，做的就是由于物理距离带来的信息不对称。而移动互联正在弭平这个差距——当然，我们必须承认，并没有完全弭平。世界并不是完全平的，但总比工业时代来得更为信息对称。

另外一个关于不可复制的言论就是单个公司内部的业务方式。比如说，今天这么干赚到钱了，明天继续这么干还能不能赚到钱？事实上，对大公司来说，不断重复过去业务模式的，有可能会死得很快。而对于小公司来说，同样地，互联网工具层出不穷，一个没赶上趟，也会遭遇严重危机。所幸的是，小公司船小好掉头，保持高敏感度，或许不至于掉队，但的确变化频频。

躺在一个商业模式上不断复制的好日子依然有，但这个好日子变得越来越短。是的，即便两三年前还如日中天的三星，今天在笔者看来，已经面临危机。

总之，工业时代的可复制规律正在慢慢消解和崩溃，新秩序是“不可复制”。

这一点，在经久不衰的迪士尼公司身上一直存在。

迪士尼立足于完整的产业链，以“娱乐循环”的概念，构建出一套独有的赢利模式——“轮次收入模式”，也称作“利润乘数模式”。在这一模式运转之下，迪士尼以动画为源头产品，将影视娱乐、主题公园、消费产品等不同产业环节演变成一条环环相扣的财富生产链。

第一轮，迪士尼不断推出一部部制作精美的动画大片及其他类型的电影，每一部影片都进行大力宣传，通过电影放映获取丰厚的票房收入。紧接着，通过公映电影的复制销售和录像带发行，迪士尼又赚了第二轮利润。每上映一部电影，迪士尼都会在主题乐园中增加新的电影角色，吸引游客前来，使其乐于为这种大银幕与现实世界完美结合的奇妙感受付钞票，这是迪士尼的第三轮财富。最后，迪士尼通过特许授权产品，又赢得第四轮财富。

虽然迪士尼的产业链运作与中国大多数企业起点不一样，诸如贝因美的以婴幼儿食品起家的本土企业，在进行产业链延伸的时候，缺乏迪士尼动画影视这样有强大文化渗透性的源头产品，但是，深入研究迪士尼如何以特许授权方式运作衍生产品并成为全球最大的品牌消费品授权商，对于中国企业拓展产业链依旧有着重大的意义。

即便是强大如迪士尼，也从来没有像贝因美那样，宣称要将婴幼儿“吃、穿、用、行”的产品全部一网打尽。迪士尼授权运营的 7 大类消费品，都坚守一个重要准则，那就是与源头起点的影视作品在天然属性上能有紧密的关联性，保证影视角色形象能顺利地渗透进这些品类之中。这无疑是迪士尼的产业链延伸成功的先决条件。

其实，也有一些中国婴童企业想要直接复制迪士尼的成功模式，试图首先打造成功的动漫形象，然后以此为原点进行品牌辐射和产业延伸，然而它们都没有取得多大的成功。

难以直接复制迪士尼的模式，有着各种各样的原因，其中很重要的一点是中国市场环境的特殊性。首先，在中国要打造一个成功的动漫形象是十分困难的，因为中国的播放资源既有限又有着种种掣肘，要想进入央视或各省级卫视的播放平台是难上加难。其次，即便是有了有影响力的动漫作品，当前的知识产权环境，也会让衍生产品的开发与运营遭遇到盗版的大力侵蚀。所以，我们不要想着照搬迪士尼的模式，更应当向迪士尼这些国际婴童产业巨头学习的是其在品牌塑造上的长期规划投入，以及品牌管理与维护的思路，这才是其产业链运作的内在精髓。

第三章

简单制胜：简单就是效率

无论自然界，还是人类，美好、有效率的东西，从来都不是复杂的，而是简单明了。这个规律自上而下，演绎到企业具体的商业模式，也同样有效。正如投资人对创业者常说的，如果你在30秒的电梯演讲里，无法解释清楚你的商业模式，那就说明这个模式有问题，因为它不够直接明了。最成功的商业模式往往都是最简单的商业模式。

与成本有关：越简单越好

商业模式有很多种，很难说什么好、什么不好，但好的商业模式有一个基本原则——足够简单。报纸生意就足够简单，你给别人看报纸的同时卖广告，Google（谷歌）也很简单，你给别人找来什么东西，作一个搜索，它就做广告了。游戏其实也挺简单，QQ 也很简单，包括手机打电话也都很简单。

如此看来，原来我们花很多时间，绞尽脑汁想很多挺复杂的商业模式到底能不能成功，后来我们就发现那些工作不是那么有意义。因为一个很复杂的商业模式，经过一系列的折腾，最后才赚了钱，但是这种商业模式很难在商业社会里赚到更多钱。所以，商业模式的简单性是一个重要的指标。

我们知道，成本结构所代表的是在运转整个商业模式的过程中所消耗的成本。市场同质化竞争的本质是成本结构的竞争，优化成本结构，不仅降低了经营消耗和有效积累资本，关键是有了更强的抗风险能力。摩托罗拉没落始于铱星计划，背后是高成本和小市场的对冲；日本的索尼、松下和夏普没落一半是战略失调，另一半是产能不足，成本拼不过对手，在竞争中式微；在中国红透半边天的亚细亚，表面看是败于管理不当，实则是销售成本的失控。

在成本中节约的每一分钱，都是纯利，所有企业都希望自己的成本和利润结构是倒金字塔，塔底部要尽量尖而细，顶部要大而厚，用四两拨千斤的手法做企业，Facebook（一个社交网站）、谷歌和西南航空成功了，而春都和爱多则一败涂地，不做好成本结构，企业难以基业常青。

在我看来，好的商业模式要具备以下5个特点（见图3-1）。

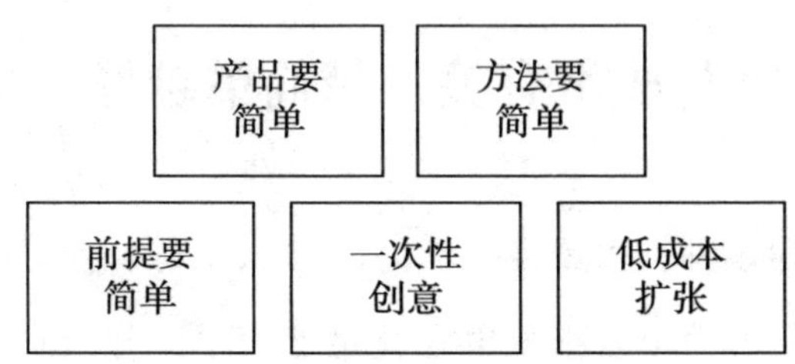

图3-1　好的商业模式的特点

1. 产品要简单

随着产品的不断成熟，不断发展壮大的公司会在跟竞争对手白热化的角逐中持续地给产品“添砖加瓦”。投资者和利益相关者需要看到收入保持稳步增长好让股价节节攀升。但是，事实上许多客户仅需要产品的小部分功能。

2. 方法要简单

只有简单的方法，才能被各级下属执行；只有可复制的模式，才能够持续推广。“可复制”是要求投入必须能够创造利润。

3. 前提要简单

一个模式，如果有3个以上的条件为前提，那基本上是不可行的。商业模式越简单越好。

相信很多人听过一个“Y氏理论”，就是中国有13亿人，每个人买一根雪糕就是13亿根，从每个人身上挣1元钱就是13亿元销售额。我也听过做客户端的人说，如果1000万部手机都安装了我们的客户端，我们就可以做很多事情，挣很多很多钱。

我想说的是，你的前提存在吗？如何让13亿人每人买一根你的雪糕？如何将你的客户端装到1000万部手机上？人家为什么要用你的平台呢？

逻辑是商业模式的基础。不符合逻辑的事情，不符合常规的事情，成功是极偶然的，失败则是经常的。其实，很多人对于团购的质疑也在于此。消费者来团购，是因为团购便宜，一旦团购网站需要涨价就无法再提供便宜的商品，那用户还会买吗？

4. 一次性创意

凡是需要不断创意的生意，都是难度极高的。例如拍电影，你连拍十部赚钱的电影也无法保证你下一部也是赚钱的，成败完全取决于你下一次的创意。这种生意风险是很大的。

而“一次性创意”以后，复制和扩大规模就可以了。

5. 低成本扩张

需要花巨额广告费来拓展市场的商业模式，压力很大。一旦广告停止，就意味着销量逐步下滑，直至很低。

此外，好的商业模式应该有门槛。在新的领域中，率先尝试的人如同第一个吃螃蟹的人，倘若成功，大家便蜂拥而上，一起分享胜利的成果。反之，则你一人承担失败的痛苦。所以，必须要有门槛。

综上所述，所有好的商业模式都是非常简单的。其实越简单，越容易实现，越复杂越不容易实现。我认为，好的商业模式，简单、优美。

诚然，好和坏必须得实现了才知道。微利时代，任何模式都要对其构成要素不断分解，达到像鱼的骨骼那样具体、分明、详细，然后对每根鱼刺进行“瘦身”。因此，商业模式一定要力求做到最简，只有精打细算，才能算出大世界。

商业模式的核心原则

一个成功的商业模式不一定是在技术上的突破，可以是对某一个环节的改造，或是对原有模式的重组创新，甚至是对整个游戏规则的颠覆。商业模式的核心原则是对商业模式定义的延伸和丰富。笔者把它分成了 8 个方面：客户价值最大化原则、持续赢利原则、资源整合原则、创新原则、自由现金流有效性原则、组织管理的高效率原则、风险控制原则和合理避税原则（见图 3－2）。

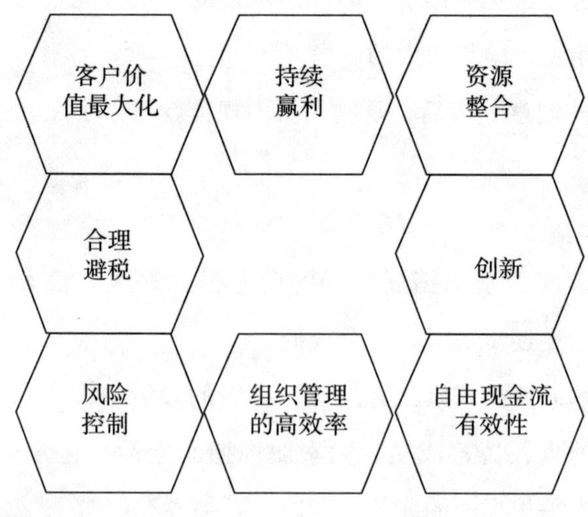

图 3－2　商业模式的核心原则

1. 客户价值最大化原则

一个商业模式能否持续赢利，是与该模式能否使客户价值最大化有必然关系的。一个不能满足客户价值的商业模式，即使赢利也一定是暂时的、偶然的，是不具有持续性的。反之，一个能使客户价值最大化的商业模式，即使暂时不赢利，但终究也会走向赢利。所以我们把对客户价值的实现再实现、满足再满足当作企业应该始终追求的主观目标。

2. 持续赢利原则

企业能否持续赢利是我们判断其商业模式是否成功的唯一的外在标准。因此，在设计商业模式时，赢利和持续赢利也就自然成为重要的原则。当然，这里指的是在“阳光”下的持续赢利。持续赢利是指既要“赢利”，又要能有发展后劲，具有可持续性，而不是一时的偶然赢利。

3. 资源整合原则

整合就是要优化资源配置，就是要有进有退、有取有舍，就是要获得整体的最优。

在战略思维的层面上，资源整合是系统论的思维方式，是通过组织协调，把企业内部彼此相关但却分离的职能和企业外部既参与共同的使命又拥有独立经济利益的合作伙伴整合成一个为客户服务的整体，取得“1 + 1 > 2”的效果。

在战术选择的层面上，资源整合是优化配置的决策，是根据企业的发展战略和市场需求对有关的资源进行重新配置，以凸显企业的核心竞争力，并寻求资源配置与客户需求的最佳结合点，目的是要增强企业的竞争优势，提高客户服务水平。

4. 创新原则

三星董事长李健熙说：“除了老婆和孩子外，其余什么都要改变！”时代华纳前首席执行官迈克尔·邓恩说："在经营企业的过程中，商业模式比高技术更重要，因为前者是企业能够立足的先决条件。"一个成功的商业模式不一定是在技术上的突破，而是对某一个环节的改造，或是对原有模式的重组、创新，至是对整个游戏规则的颠覆。商业模式的创新形式贯穿于企业经营的整个过程之中，贯穿于企业资源开发模式、制造方式、营销体系、市场流通等各个环节，也就是说，在企业经营的每一个环节上的创新都可能变成一种成功的商业模式。

5. 自由现金流有效性原则

融资模式的打造对企业有着特殊的意义，尤其是对广大中小企业来说更是如此。我们知道，企业生存需要资金，企业发展需要资金，企业快速成长更是需要资金。资金已经成为所有企业发展中很难突破的瓶颈。谁能解决资金问题，谁就赢得了企业发展的先机，也就掌握了市场的主动权。

从一些成功的企业发展过程来看，无论其表面上对外阐述的成功理由是什么，但都不能回避和掩盖资金对其成功的重要作用，许多失败的企业就是没有建立有效的自由现金流结构而失败了。如过去的巨人集团，仅仅为近千万元的资金缺口而轰然倒下；曾经与国美不相上下的国通电器，拥有过30多亿元的销售额，也仅因为几百万元的资金缺口而销声匿迹。所以说，商业模式的设计很重要的一环就是要考虑自由现金流。

6. 组织管理的高效率原则

高效率是每个企业管理者都梦寐以求的事情，也是商业模式追求的最高目标。决定企业是否有赢利能力的一个重要因素就是组织管理的高效率。

按现代管理学理论来说，一个企业要想高效率地运行，首先要解决的是企业的愿景、使命和核心价观，这是企业生存、成长的动力，也是员工好好干的理由。其次是要有一套科学的、实用的业务系统。最后还要有科学的奖励、激励方案。

只有把这三个主要问题解决好了，企业的管理才能实现效率。现实生活中的万科、联想、华润、海尔等大公司，在业务系统模式的建立上都是可圈可点的，也是值得我们学习的。

7. 风险控制原则

设计得再好的商业模式，如果抵御风险的能力很差，就会像在沙丘上建立的大厦一样，经不起任何风浪。这个风险指的是系统外的风险，如交易、政策、法律和行业风险，也指系统内的风险，如产品的变化、人员的变更、资金的不继等。

8. 合理避税原则

合理避税，而不是逃税。所谓合理避税，就是在现行的制度、法律框架内，合理地利用有关政策，设计一套利于利用政策的体系。合理避税做得好也能大大增加企业的赢利能力，千万不可小看。

简单且易成功的商业模式 8 步走

简单有效的商业模式能够使公司实现迅速发展，并为客户和社会创造价值。可以说，制定一个成功的商业模式，对企业的发展来说至关重要。那么，作为企业负责人，该如何设计一个有特色的、成功的商业模式呢（见图 3－3）？

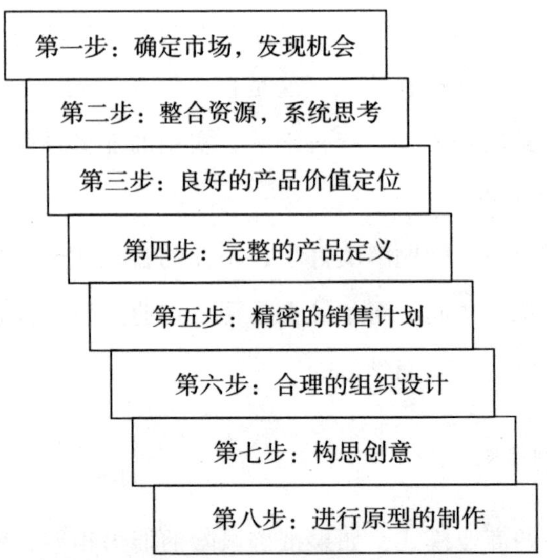

图3-3　有特色的成功的商业模式设计步骤

1. 确定市场，发现机会

企业可以先确定一个范围相对较小的市场，找到自己的产品要为哪些消费者服务，然后充分进行市场调查，分析消费者的消费心理，把好钢用在刀刃上。当然，还要对目标客户群划分层次，分出主次，找准每个层次的消费者不同的消费动机，然后对症下药，各个击破。

一些企业往往把重点放在市场调查上，却忽视了客户对产品的设计、服务及商业模式的看法，因此，实现商业模式创新，要加深对客户的进一步了解，关注他们的愿望和焦点。广泛听取和采纳客户提出来的具有建设性的建议或者意见，把焦点集中在潜在客户群上，满足潜在客户的迫切需求。

在满足不同消费者需求的同时，也要及时做好产品的售后调查，得到消费者的有效反馈信息，找出自己在产品性能等方面的优势和不足，从而为下一批产品的改进打好基础；如果企业在产品的创新上有新的设想，要及时与目标消费群体进行沟通，验证自己的设想能否得到他们的认可，市场是否广阔，在充分调查的基础上再决定是否生产这批产品。

2. 整合资源，系统思考

企业要将目标客户、原材料供应商、合伙单位以及相应的外部资源进行整合，弄清楚每个利益相关者之间存在什么样的关系，然后全面而系统地思考一下，这些利益相关者怎样才能从这个产业链上得到自己想要的。当然，除了一些合作伙伴之外，还要深入研究自己的竞争对手和潜在的竞争对手，本着公平竞争的原则，在产品的创新上下功夫，避免与竞争对手进行直接的、正面的竞争，可以找恰当的时机，比如一些经济转折点，推出一些畅销产品，迅速占领市场。

3. 良好的产品价值定位

企业产品价值体现在可以引起消费者的共鸣，给他们带去兴奋感。在对产品价值是否可以满足市场需求进行调查的时候，可以先做一个样品，让消费者看得见、摸得着，这样才更具说服力。对产品价值定位后，根据不同消费者的消费心理，生产出具有竞争力的产品，给消费者一个选择你的依据。

4. 完整的产品定义

对企业产品进行完整的定义要从三个方面着手：一是产品的核心，即功能、性能、品质等方面；二是产品的售前和售后服务有哪些；三是产品可以为消费者带来哪些体验。对产品定义完毕之后，先生产一些试用品，观察消费者在看到产品的那一刻是什么反应。如果反映效果好，就要考虑对产品进行定价并研究走向市场的途径。

5. 精密的销售计划

好的产品要想占领市场，离不开配套的销售计划。企业可以先制定销售目标，开展对销售人员和渠道人员的培训，使产品成功被售出。当然，也要把销售成本预算制定到销售计划之内，把用于销售的人、财、物所需成本尽可能地固定下来，以增加利润。

6. 合理的组织设计

成功的商业模式离不开合理的组织设计。企业的组织设计是实现企业目标的重要保障。因此，管理者要明确企业核心团队的优势所在，为投资者建立投资你的产品的信心。

7. 构思创意

商业模式的创新来源于商业模式的创意，所以要大胆构思各种创意，从中选择最能够实施的创意。当然，在构思创意之前可以先忽略一些现实的因素。因为商业模式创新是针对旧有模式来说的，创新就意味着不可以复制，必须进行全新设计，甚至可以颠覆正统，只要这个构思可以为企业创造价值，它就是一个成功的创意。

创意构思分为两个阶段：一是创意生成阶段，要保证创意的数量足够多，以供选择；二是创意形成阶段，对所有创意进行整合，选择出几种切实可行的创意。

8. 进行原型的制作

制作原型是将创意进行具体化的一种方式，可以促进我们继续对商业模式创意进行探索和创新。商业模式原型作为一种思维工具，是用来帮助我们进行模式创新探索的，所以详略都可以按照自己的意愿进行把握。但制作原型一定要来源于对商业模式的构想，并为其实现服务。可以通过增加或者删除某个或者多个元素，来实现构想的创新。可以根据不同的客户层次，制作适合每个层次的原型，以更好地满足不同客户的需求。

按照上述8个步骤实施，再结合自身实践和探索，就一定可以找到适合自己的商业模式，在激烈竞争中获胜。

利润率是唯一的衡量指标

不管采用哪种商业模式，最根本的一点就是要保证利润率。如果使用了新的商业模式，企业却一分钱都没赚到，或者还要倒贴，那就不行了！

众所周知，一条鱼有好几种做法，如鱼头、鱼皮、鱼骨、鱼肉和鱼汤等，这样就可以将鱼充分利用。对于一个池塘来说，在不同的时间段，有不同的用途，如养鱼、种藕、供人参观、淤泥做肥料等。从不同的角度反复使用一种资源，我们将其叫作利润倍增。

有一家车行将国外的汽车银行俱乐部与中国民间的互助会两种形式混合在一起，凭借“比租车便宜，比买车更方便”的理念，帮助工薪族实现了用车的梦想。这个车行开在长沙，名叫“好邦客”。

“好邦客”面对的潜在消费群是：想拥有座驾、囊中羞涩的工薪族。他们只要办理入会手续，到指定银行缴纳15000元保证金并办理储蓄卡，就可以成为会员，按正常程序享受租车服务，这项服务会按使用时间、所付费用累计积分，一旦积分达到一定程度，就可从“好邦客”拿走一辆相应型号和相应新旧程度的车。

除此之外，“好邦客”还用托管、储蓄等方式吸纳了很多的二手车。二手车储户只要将自己的车辆存入，就可以成为“好邦客”会员，随时都可以使用“好邦客”的任何车辆。在托管期满后，托管车辆可以按约定取回车辆，不仅享有托管收益，还可以获得车辆使用费30%的现金返还。

凭借20万元的启动资金，如今的“好邦客”已经成为赢利3000万元的地方特色车行。它的成功主要就在于，用少量的资金撬动了汽车租赁、汽车销售和二手车交易的联动消费市场。那么，“好邦客”模式是如何搭建的？

1. 搞定银行

“好邦客”首先和商业银行建立了联系。在它们只有20万元的时候，就开始了与银行的谈判，“好邦客”给银行开出了极具诱惑的条件：第一，“好邦客”将20万元作为风险保证金，合作期内永远放在银行，不动用；第二，“好邦客”的会员开户时，每个会员要交纳15000元开户保证金并存入银行，一直不动用；第三，“好邦客”的每个会员都在银行办一张储蓄卡，银行在“好邦客”服务中心安装柜员机，委派两名工作人员在“好邦客”监督刷卡。“好邦客”会员租车消费，会员的消费款刷卡转入“好邦客”的账户，之后由银行监控，未经银行同意，“好邦客”无权动用，用该笔资金来偿还到期的银行开出的承兑汇票。“好邦客”只有一个条件：银行定期向“好邦客”的汽车供应商（即汽车工厂）开具半年至一年的银行承兑汇票。

这种合作模式有效化解了银行的风险，一切商业活动和资金流向均在银行的掌控之中。而且，在这一过程中，银行还会获得两项收益：首先，增加了银行的存款余额；其次，开具承兑汇票有一定的手续费和利息收入。于是，银行便成了“好邦客”模式的积极推动者。

2. 和汽车生产厂合作

和银行商量好之后，“好邦客”开始了与上海大众、广州本田等汽车生产工厂的谈判。一想到，“好邦客”让银行开具半年至一年的银行承兑汇票，并且银行承兑到期前的正常贷款利息由“好邦客”支付，汽车生产厂觉得自己不吃亏，于是便爽快地答应了。

3. 吸引消费者

凭借“比租车更便宜，比买车更方便”的理念，是很容易吸引消费者的。“好邦客”并没有进行大张旗鼓的宣传，仅在《长沙晚报》做了一个开业的广告。结果，开业第一天就来了几千人，500 多人入会。

4. 内部管理

“好邦客”制定了从入会、租车、送车、验车、刷卡转账、办理过户手续等一整套规章制度和服务手册，在实践中加强流程控制，提高了服务质量。

通过这样 4 个步骤，“好邦客”形成了具有特色的商业模式，为企业创造了巨大的财富。

简单化：从内部管理模式开始

数据显示，70% 的人都认为，复杂化问题是公司面临的一个最大挑战，而 94% 的人则表示，解决复杂化问题对企业成功有着举足轻重的作用。为什么许多盛极一时的大企业，在移动互联时代变得寸步难行，以至于错失良机？

仔细研究，就会发现，其主要原因就在于，企业内部的管理复杂化，领导者焦头烂额，无所适从，最后企业无法生存。最有说服力的例子是诺基亚。

诺基亚是个家喻户晓的手机品牌，当手机消费潮流已经转向智能化时，诺基亚通过收购一系列企业，在软件、企业项目、服务种类方面进行投资，让企业的服务和产品愈加多元化；同时，也导致了企业内部管理的复杂化，结果出现了“船大调头难”的困境。

无独有偶！

2014年10月6日，惠普正式宣布，拆分两家上市公司。拆分的原因是股东施压，股东施压的理由是“对企业实施拆分，有利于公司决策变得更加迅捷、确保业务保持增长”。

由此可见，复杂化已经成为企业成功路上的一只拦路虎。在企业管理工作中，简单化已成为大企业的下一个管理方向。可是，如何来实现简单化经营呢？必须跳出从“简单到复杂，再从复杂到简单，然后又从简单到复杂”的死循环，做好下面4项工作（见图3－4）。

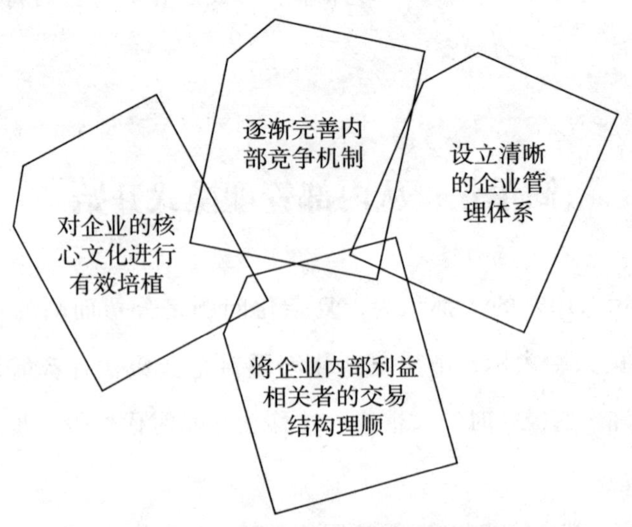

图3－4　实现简单化经营的4项工作

1. 对企业的核心文化进行有效培植

企业文化，既不是挂在墙上的标语，也不是领导挂在嘴边的口号，而是员工共同认可的价值观，是体现在企业用人理念、管理制度中的核心原则。

如今，很多企业都设计了华丽而富有激情的企业文化，其实企业文化关键是要“立正守中”。所谓“立正”，就是要确保企业文化是正面的、积极的，是与企业的核心利益相辅相成的；“守中”强调的是一种平衡，既不能太激进，也不能太保守，否则就会“过犹不及”。另外，企业文化还代表了企业的核心价值观和经营管理理念，体现了企业的规范要求，只有维护内部各方利益的平衡，企业才能获得长期稳定发展。

2. 逐渐完善内部竞争机制

企业发展到一定阶段后，几乎都会陷入团队管理人员相对固化的困境，离开了管理者“能上能下”的机制，老员工就会把当期的所得当成是一种刚性的福利，不管其对企业效益的贡献是否提高，都希望得到更多的利益；而新员工则会觉得，自己职业生涯发展的空间有限……如此，必然会对工作的积极性和员工队伍的稳定性造成负面影响。

同时，固化的管理人员也很容易出现拉帮结派等问题。必须让员工有适当的危机感，保持员工队伍的活力，如此企业才能获得更好的发展，员工才能得到更多的实惠。缺乏危机意识，就会让员工，特别是老员工安于现状，斤斤计较，把简单的问题复杂化。

3. 设立清晰的企业管理体系

不仅是人力资源管理体系，整个企业的管理体系都需要清晰化。当然，这里所说的清晰化，并不是制度越简单越好，有时候复杂也是一种简单。比如，麦当劳的《烹饪手册》制定得非常复杂、非常细致，但员工工作的时候却觉得很简单；相反，很多中餐厅的烹饪手册写得很简单，比如“加盐少许，清蒸几分钟”，结果员工工作起来反而觉得很复杂，不好把握。

要实现管理体系清晰化，首先，要系统化、具体化，企业制度必须统一归入管理，必须符合企业的核心价值体系，任何新制度的出台都必须经过严格的“审核—评议—批准”程序。

企业之所以要建立管理体系，其中一个重要的目的就是要控制风险。首先，控制系统性风险，通过管理制度体系，将企业运营的系统性风险消除；其次，要有层次性，层层管控，不能一下管到底，事无巨细。

4. 将企业内部利益相关者的交易结构理顺

企业的绩效考核系统对应的是员工短期的、直接的经济利益，而企业内部的利益相关者的利益，既包括当期利益，也包括远期利益；既包括实际的经济利益，也包括情感、感受、个人发展等方面的利益。

理顺企业内部利益相关者的交易结构，关键是要构筑清晰的企业内部交易关系框架，让每个部门、每个员工都清楚地了解自己要为企业、为其他部门、为其他员工提供哪些利益或便利，要做到什么程度，自己能够获得的利益，其贡献与所得的基本对应关系是怎样的……

企业内部利益相关者交易关系的架构虽然不用像绩效考核制度那样细致、精确，但必须确保所有员工的认识和努力方向要与企业核心利益保持一致。

企业内部利益相关者的关系可以用交易代替管理，提供企业的运营效率。

找到合适的简单商业模式

企业的成败取决于商业模式和执行力。商业模式是企业转型升级的核心路径，远大于并包容了“赢利模式”。创新商业模式，企业就可能获得高额利润、获得多年的持续发展。但是，商业模式最好是简单的。

在企业经营的过程中，都贯穿着商业模式的创新。在企业资源的开发、研发的模式、制造方式、营销体系、流通体系等各个环节，都可能塑造一种崭新的、成功的商业模式。

研究发现，每个成功的企业都是找到了适合自己发展的、独特的商业模式；而且，他们因时而变、因势而变，不断随着经营环境、竞争因素等来调整和升级自己的商业模式。因此，在移动互联网盛行的今天，在市场千变万化、竞争日益激烈的今天，企业要想做强做大，就必须深入调研并设计适合自己的、富有竞争力的、与众不同的商业模式。

所有好的商业模式都是非常简单的。越简单，越容易实现；越复杂，越不容易实现。

伟大公司的商业模式都是很简单的，任何商业模式其实最终就是买和卖。只要搞清楚，如何提供能满足客户需求的东西即可。不管你是卖白菜的还是卖软件的，道理一样。如果宣称你的商业模式是世界唯一、全球首创，那往往意味着你的商业模式很复杂，你的合作伙伴、客户也都看不懂，他们一定会离你远远的。

第四章

赢利支点：靠什么赚钱

商业模式能否持续赢利，与该模式能否使客户价值提升是有必然关系的。不能满足客户价值的商业模式，即使赢利也一定是暂时的、偶然的，是不具有持续性的。企业能否持续赢利是判断其商业模式是否成功的唯一标准。在设计商业模式时，赢利和持续赢利也就成为了重要原则。持续赢利是指既要“赢利”，又要能有发展后劲，赢利具有可持续性。

是否有较多赢利点

如果说商业模式是怎么赚钱，那么赢利点就是你从哪方面赚钱的。除了主业务外，其他的赢利点还有很多，比如，麦当劳除了汉堡包外，还从炸鸡、可乐、薯条等方面赚钱。

例如，市场上有茶吧、报吧、酒吧、棋吧……于是，有人仿照这些“吧”，开了家“哭吧”，为“好哭一族”提供了一个“想哭你就哭”的减压场所，让他们将内心的苦闷和悲伤释放出来。他们的广告是这样的：你想解除心中的郁闷吗？你想解除心中痛苦吗？那么请来“好心情‘哭吧’”！想哭你就“哭吧”！“哭吧”每小时收费 50 元，哭完后，心情不好不收费。

刚开始的时候，由于没有做好宣传，生意清淡，后来经过媒体宣传后，“哭吧”名声大噪，生意一下子火爆起来，哭声连绵不绝，从早哭到晚。

其实，哭是一件特别消耗能量的事情。一流眼泪，就得补水。于是，“哭吧”就开始按顾客需求增加项目，销售饮料、矿泉水；流眼泪需要卫生纸擦，于是柜台上就出现了卫生纸；哭的时间长了，嗓子会沙哑冒火，于是又上了润喉片；哭的中途要休息一会，嘴巴不能停，于是瓜子又成了解决哭者寂寞的食品；哭完后，肚子饿想吃东西，于是各种菜品又出来了；有的顾客想哭又哭不出来，“哭吧”还专门准备了洋葱和辣椒等催泪物品；有些人觉得哭还不能发泄心中郁闷，需要来点暴力，“哭吧”还为顾客配备了玩偶供人们发泄；如果还不够，就可以直接买一个带回家，随便你怎么虐待，白天有空白天打，晚上有空晚上打，让它随时陪伴你，挨你打……

“哭吧”后来火爆到什么程度？不得不提前预约限时服务。

仔细分析一下就会发现，其实这家“哭吧”的主业务是为顾客提供哭的场所，收费50元一小时。后来应顾客的需要，又增加了饮料、矿泉水、卫生纸、润喉片、瓜子、饭菜、洋葱和辣椒等催泪物品以及玩偶。在主业务和固定成本不变的情况下，公司又根据顾客的需要提供了与哭相关的衍生性产品，使赚钱点增加。这就是企业的赢利点。

据说，现在为了满足顾客哭的需求，“哭吧”还招了20名大学生，为顾客提供陪聊和陪哭的服务。为了提高这些学生陪聊陪哭的水平和艺术，甚至还让他们接受了心理学、社会学、情感学等课程的培训。

放长线钓大鱼，先平台后赢利

什么样的商业模式才具有竞争力，或者说什么是最佳商业模式？

蒙牛和伊利每卖出去一瓶牛奶，瑞典一家叫作利乐的公司就会高兴得不得了。为什么？因为蒙牛和伊利用的纸盒包、无菌纸，都是他们制造的。

为什么蒙牛和伊利一定要用这家公司制造的无菌纸呢？理由很简单，因为利乐公司会主动为它的顾客着想。在蒙牛公司刚刚创业时只有几百万元的资金，要买一台像利乐公司所使用的牛奶成套灌装设备是不可能的，因为一台设备就要几百万元，蒙牛根本买不起。

利乐公司对蒙牛说：“没事，我来帮你想个办法，有这样一个方案。假设这台设备价值300万元，那么我先给你提供机器，你只要付20%即60万元即可，剩下的240万元，分4年慢慢还，一年还20%即60万元。但是，如果你在以后的4年中所使用的无菌包装纸都是从我这里购买，超过一定数量，我就把你每年应该还的20%的机器的钱免掉。”也就是说，这套设备基本算是白送给蒙牛了。蒙牛当然愿意使用瑞典利乐公司的设备了！

不可否认，瑞典利乐公司确实很聪明！这套设备有一个条形码灌装机专利，这是一种技术，而且这种技术可以让任何其他公司的包装纸进不了这台机器。也就是说，如果你买了利乐公司的机器，就要买它的纸，如果用别人的纸，一进去就会卡住，灌不了牛奶。利乐公司就是靠这种独特的技术保护住了它的利润流。利润流保证了，自然可以对客户提供比较优惠的政策。

当竞争对手康美宝也进入这个行业并且采用同样的商业模式时，利乐公司立刻改变了模式。这次，利乐公司使出不计成本的“杀手锏”——买纸送机，机器一毛钱都不要，只要你买的纸超过一定的数量，机器就白送。

利乐公司为什么愿意这样做呢？从伊利公司的销售年报里可以看到，伊利公司的销售成本里有40%的营业额来自包装纸，这说明其实最赚钱的不是那部机器，而是每天都要使用的包装纸。利乐公司之所以愿意帮助蒙牛和伊利这样的乳业公司，就是因为这些公司成长后会给利乐公司带来更大的利润。这才是最关键的！

好模式就有好的赢利点

当世界上各个企业的商业模式都在改变的时候，你是不是跟着一起改变呢?

商业模式没有一成不变的，一个最佳的商业模式是要随着市场变化而不断去修正的。比如，现在大部分手机都能下载一大堆软件。读者既可以下载繁体字中文版，也可以下载简体字中文版，还可以下载英文版。总之，随便下载，厂家一分钱都不收，他们收取的是软件下载之后进行测评的费用。

也许，有人觉得这是一个被逼无奈之举，但从任天堂和索尼的博弈来看，这一无奈之举却更有作为。

20 世纪 80 年代，任天堂是游戏机市场的霸主，开发了多款风靡全球的游戏，如《马里奥兄弟》《大金刚》等。到 1989 年，任天堂游戏机占领了美国 90% 的市场、日本 95% 的市场，基本上垄断了游戏机行业。

任天堂游戏机上运行的游戏有两种：一是自己开发的，二是授权第三方制作的。但是，第三方的游戏要想在任天堂的游戏机里运行，需要向任天堂交纳一定的“权利金”；同时，任天堂还对第三方制定了比较苛刻的条件，比如，必须通过任天堂的“质量封条”认证，每年只能开发 5 款游戏，首批订货量必须是 2 万套。除了“权利金”外，还要收取 14 美元的“游戏卡带制作费”，而卡带的制作成本只有 4 美元，只这一项，任天堂就能赚取 10 美元。

后来者索尼却恰恰相反！索尼利用在显示技术、音响、数码技术等方面的全球领先优势，把这些技术运用到了游戏机上，生产输出了效果强大的游戏机，而且完全引进第三方的游戏制作。在索尼 PS 机的生命周期里，索尼获得了 1400 多款游戏的支持。到 2004 年年底，索尼占据了游戏机市场份额的 68%。

索尼每卖出一台PS和PS2，就会亏损大约37美元，但是索尼主要靠第三方交纳的权利金赚钱，每销售一份PS和PS2的游戏，第三方就要向索尼支付7~8美元。玩家买的游戏越多，索尼赚得就越多。

虽然任天堂是游戏机的老大，但是定位失误，没有照顾到金字塔最底端的第三方的利益，很快便失去了老大的地位，被索尼取而代之。所以，在顾客定位中，金字塔最底端那个部分始终是最重要的。如果整个顾客价值链发生了改变，企业却没有跟着改变，生意一定会越做越辛苦。由此可见，好的商业模式必然会有好的赢利点。

赢利点的设计技巧

如何设计赢利模式，是设计商业模式的大问题。其实，设计商业模式的赢利点，就是设计企业和各个利益相关者的交易结构。就赢利模式来说，传统企业通常是自己出成本的，收入则来自直接客户。成本和收入都可以拓展，可以配置给不同的利益相关者。但是，不论数量多么复杂，赢利点的设计都有其规律可循。

1. 从固定、剩余到分成

嘉兰图创立于2000年，拥有国内最大的工业设计师团队，但是在设计项目的收费上，仍然采取固定收费的赢利模式：每个设计项目按照工作量、难度不同，收取几十万元至上百万元的设计费。

一方面，采取固定收费，面向市场的失败风险完全由客户承担，设计师就减少了风险；但另一方面，设计费成为客户的成本支出，客户则要压低成本。单一的定价模式使得工业设计市场竞争激烈，设计费一降再降，环境逐渐恶化。

2009 年，嘉兰图在新产品——老年手机上尝试了新的定价模式，一举跳出了恶劣的项目价格竞争。嘉兰图是怎么做到的呢？首先，设计出老年手机，申请专利；其次，把设计授权给需要它的客户；最后，再根据客户的生产量收取授权费用。

这样，嘉兰图就和客户共同承担了设计失败的风险。设计的价值得到了充分的体现，客户支付的价格也有了可靠的计量。

嘉兰图的案例中，涉及固定、剩余、分成三种赢利模式。利益相关者之间的合作，如何划分合作的产出，基本都可以包括在这三种赢利模式当中。嘉兰图获得固定收益，而厂商获得剩余收益。

2. 把赢利模式引入企业内部

对很多企业来说，内部存在多个部门，设计彼此间的赢利模式也很重要。稻盛和夫采用阿米巴模式，创新了内部部门间交易的赢利模式。

稻盛和夫的阿米巴模式采取的方式是，让生产部门与销售部门分成。具体的操作方式是：

生产部门把产品交给销售部门销售，销售部门为产品定价，其售价的一定比例即为销售部门的佣金。如果生产部门的生产成本为 70 元，销售部门和生产部门商定的销售佣金比例是 10%，最后销售部门确定售价为 100 元，则销售部门就会获得佣金 10 元，生产部门获得利润为 20 元。在这种模式下，生产部门和销售部门都会获得分成收益，共创价值，共担风险。

销售定价是生产部门和销售部门共同定价的：佣金比例由两个部

门内部商定，间接决定销售定价；最终定价则由更了解市场的销售部门决定。由此，两个部门可以形成很好的互动：如果产品销售不好，两个部门都会受到直接影响。即使是离市场稍远一点的生产部门，也可以时刻掌握市场的波动。

在传统内部赢利模式下，生产部门只获得固定的价格，对市场的反应是滞后的。对于客户相对稳定，以成本控制和质量控制导向的企业来说，这种及时响应则是非常重要的。

3. 降低赢利的风险

交易通常要经历三个过程：搜寻、讨价还价和执行。在这三个过程中，由于信息不对称和信息不完全，就会产生大量的交易成本。

逛商场的时候你一定会发现，有的消费在柜台结算，有的消费则在收银台结算。因为商场与商户的赢利模式有三种：固定、剩余和分成（见下表）。

商场与商户的三种赢利模式

赢利模式	说明
固定	即固定租金专柜，一般在柜台结算。在缴纳了固定的租金费用后，商户会自负盈亏，商场并不需要了解其销售情况，监督成本很低。这类商户对商场的依赖性比较弱，如商场中的餐饮店
剩余	即自营销售业务。商场相当于零售商，从商户处购买产品后，再卖给消费者，赚取价差
分成	销售专柜业务，一般在收银台结算。销售人员开单，客户到收银台缴费，销售情况向商场和商户公开，作为销售分成的依据

那些奇思异想的赢利点

企业的赢利点都是五花八门的，比如阿里巴巴。

阿里巴巴从1998年创业之初，就开始了它的传奇发展。在短短几年里，阿里巴巴累积300万名的企业会员，并且每天以6000多名新用户的速度增加，打造了中国电子商务界的一个神话。

阿里巴巴网站不同于早期互联网公司以技术为驱动的网络服务模式，它从一开始就有明确的商业模式。阿里巴巴具有明确的市场定位，在发展初期专做信息流。它的运营模式是循序渐进的，依据中国电子商务界的发展状况来准确定位网站。首先抓基础的，然后不断捕捉新的收入机会，其赢利模式强有力、可持续、可拓展，现在我们就做下简要的分析。

阿里巴巴运营模式一：信息流，汇聚大量的市场供求信息。在2005年广交会期间主办的电子商务研讨会上，马云阐述了以下观点：中国电子商务将经历三个阶段，即信息流、资金流和物流阶段。目前，还停留在信息流阶段。交易平台技术上虽然不难，但没人使用，企业对在线交易基本上没有需求，因此做在线交易意义不大。

阿里巴巴运营模式二：功能。阿里巴巴在充分调研企业需求的基础上，将企业登录汇聚的信息整合分类，形成了网站独具特色的栏目，使企业用户获得了有效的信息和服务。

阿里巴巴运营模式三：产品展示，按产品分类陈列展示阿里巴巴会员的各类图文并茂的产品信息库。

阿里巴巴运营模式四：公司库，公司目前已经汇聚4万多家公司网页。用户可以通过搜索寻找贸易伙伴，了解公司详细资讯。会员也可以免费申请加入到阿里巴巴“公司全库”中，并链接到公司全库的相关类目中，方便会员了解公司全貌。

阿里巴巴运营模式五：行业资讯，按各类行业分类发布最新动态信息，会员可以分类订阅最新信息，直接通过电子邮件接收。

阿里巴巴运营模式六：价格行情，按行业提供企业最新报价和市场价格动态信息给商人俱乐部。在这里，会员可以交流行业见解，谈天说地。

阿里巴巴运营模式七：商业服务，包括航运、外币转换、信用调查、保险、税务、贸易代理等咨询和服务。丰富实用的信息，构成了网上交易市场的主体。

阿里巴巴运营模式八：阿里巴巴采用本土化的网站建设方式，针对不同国家采用当地的语言，简易可读，这种便利性和亲和力将各国市场有机地融为一体，汇集了全球178个国家（地区）的商业信息和个性化的商人社区。

阿里巴巴运营模式九：在起步阶段，网站放低会员准入门槛，以免费会员制吸引企业登录平台注册，汇聚商流，活跃市场。

阿里巴巴运营模式十：成功的市场运作，比如福布斯评选，与日本互联网投资公司软库结盟，请软库公司首席执行官、亚洲首富孙正义担任阿里巴巴的首席顾问，请世界贸易组织前任总干事、现任高盛国际集团主席兼总裁彼得·萨瑟兰担任阿里巴巴的特别顾问。各类宣传运作，大大提升了阿里巴巴的品牌价值和融资能力。

那么，阿里巴巴的赢利点都有哪些呢？

1. 诚信通

2800元/年。服务内容：①排名优先服务；②诚信认证服务；③独享买家信息；④企业网站，独立域名；⑤500强采购专场；⑥诚信通免费培训；⑦竞价排名服务；⑧商铺直达等。

2. 竞价排名

必须先成为诚信通会员才能购买关键字竞价排名服务。

产品价格：关键词起拍价从100元到300元共分5档，最低100元。

服务内容：中标者竞价企业的信息将排在该关键字搜索结果的前5位，投放时间一个月。

销售方式：网上竞价，按月销售。

3. 黄金展位

必须先成为诚信通会员才能购买关键字竞价排名服务产品价格：不同关键字对应的“黄金展位”价格不同。

服务内容：投放在指定关键词的各大主要搜索结果页面（“找产品、找公司、找加工、找买家”等）的右侧显著位置。每个关键字6个黄金广告位，3个月为一周期。

销售方式：按3个月销售。

4. 页面广告

产品价格：根据位置不同价格不同，首页banner价格高达价格：80000元/天。

服务内容：在相应页面展示图片或文字广告信息。

销售方式：按天销售。

赢利点是可以挖掘和拓展的

赢利点是可以挖掘和拓展的，要想判断一个商业模式的好坏，就要看它是否有“关键资源和能力”。因为，只有具备这种能力，才能保护你的“利润流”。比如美团网。

1. 传统的成交费

这是团购网站最基本的一项服务，但与国外的团购网站又不尽相同。国外一般是自己向商家进货，然后负责把商品卖出去，赚取其中的差价，也就是所谓的直销。而美团网则不同，它基本上只充当组织者的作用，然后收取交易的佣金，似乎这样的钱赚得更加轻松。

2. VIP（贵宾）会员卡

以会员的等级来决定能够得到的折扣大小，你是升级还是不升级呢？虽然会员卡的赢利不会很多，也不会成为主要的赢利方式，但会吸引更多的买家，加快成交费的增长，一举两得。这是它的主要功能。

3. 广告收入

有些商品可能并不适合以团购的方式进行交易，但很可能与团购的商品有一定的相关性，所以把这些商品放在美团网上的时候能起到非常好的促销作用。同时，针对不同地区的人群放置不同的广告，也可以极大地提高用户的便利性。

第五章

优化资源：低成本策略

成本降低，不是靠省吃俭用，也不是靠加班加点，也不是靠克扣员工的工资来实现的，靠的是商业模式的设计。低成本方式不仅仅只是让现有客户有机会以更低的价格购买相同的产品。最为重要的是，这种方式是应对现有客户和新客户需求的全新价值主张，并得到了新型运营模式的大力支持。

企业的资源包括哪些方面

企业的资源包括哪些？在不同的阶段，对企业资源的理解不尽相同。现代一些学者认为，企业资源是指企业在向社会提供产品或服务的过程中所拥有或可以利用的、能够帮助实现企业经营目标的各种生产要素的集合。

企业的资源可以分为外部资源和内部资源。企业的内部资源又可以分为人力资源、财力资源、信息资源、技术资源、管理资源、可控市场资源、内部环境资源；而企业的外部资源可分为行业资源、产业资源、市场资源、外部环境资源。还可以按照下面的方式进行分类（见表5－1）。

表5－1　　企业资源分类

<table>
<tr><td rowspan="14">企业资源</td><td rowspan="2">有形资源</td><td>财务资源</td></tr>
<tr><td>实物资源</td></tr>
<tr><td rowspan="7">无形资源</td><td>时空资源</td></tr>
<tr><td>技术资源</td></tr>
<tr><td>信息资源</td></tr>
<tr><td>品牌资源</td></tr>
<tr><td>文化资源</td></tr>
<tr><td>管理资源</td></tr>
<tr><td>人力资源</td></tr>
<tr><td rowspan="4">市场资源</td><td>关系资源</td></tr>
<tr><td>杠杆资源</td></tr>
<tr><td>社会资源</td></tr>
<tr><td>文化资源</td></tr>
</table>

1. 有形资源

主要是指财务资源和实物资源，它们是企业经营管理活动的基础，一般都可以通过目前的会计方式来计算其价值。

（1）财务资源。财务资源是企业物质要素和非物质要素的货币体现，具体表现为：已经发生的能用会计方式记录在账的、能以货币计量的各种经济资源，包括资金、债权和其他权利。既包括静态规模的大小，也包括动态周转状况，还包括企业获取和驾驭这些资源要素的能力和水平。

反映企业财务资源状况的工具，就是企业的一系列财务报表。在企业财务资源系统中，最主要的资源是资金。财务资源是企业业务能力的经济基础，也是其他资源形成和发展的基础条件。

（2）实物资源。所谓实物资源主要是指在使用过程中具有物质形态的固定资产，包括工厂、机器、工具、生产资料、土地、房屋等各种企业财产。

一般情况下，固定资产的单位价值较大，使用年限较长、物质形态较强、流动能力较差，其价值大多会显示出边际收益递减规律的一般特性。在传统工业中，固定资产是企业资源系统的重要组成部分，它是衡量一个企业实力大小的重要标志。

2. 无形资源

无形资源主要包括时空资源、技术资源、信息资源、品牌资源、文化资源和管理资源等。相对于有形资源来说，无形资源似乎没有明显的物质载体而看似无形，但它们却成为支撑企业发展的基础，能够为企业带来无可比拟的优势。

（1）时空资源。时空资源指的是企业在市场上可以利用的，作为公共资源的时间和空间。其中，时间资源是指人类劳动直接或间接开发和利用的自然时间或日历时间；空间资源是指人类劳动直接改造和利用的、承接现实经济要素运行的自然空间。“时间就是金钱”“天时不如地利”等格言，分别说明了时间资源和空间资源的重要性。

（2）技术资源。技术资源是决定企业业务成果的重要因素，其效力发挥依托于一定水平的财力和物力资源。广义的技术资源包括形成产品的直接技术和间接技术，以及生产工艺技术、设备维修技术、财务管理技术、生产经营的管理技能。此外，技术资源还应包括市场活动的技能、信息收集和分析技术、市场营销方法，策划技能以及谈判推销技能等市场发展的技术。

（3）信息资源。信息资源是指客观世界和主观世界的一切事物的运动状态和变化方式及其内在含义和效用价值。企业的信息资源由企业内部和外部各种与企业经营有关的情报资料构成。

信息资源在企业的资源结构中起着支持和参照作用，具有普遍性、共享性、增值性、可处理性和多效用性等特征，“知己知彼，百战不殆”是运用信息资源使整体资源增值的最好诠释。

（4）品牌资源。所谓品牌资源，就是由一系列表明企业或企业产品身份的无形因素所组成的资源。品牌资源又可以细分为三种：产品品牌、服务品牌和企业品牌。

品牌资源尤其是成为驰名商标的品牌对企业经营成败至关重要，名牌在企业维系顾客忠诚、开拓新市场、推广新的产品等方面具有无可比拟的优势。

（5）文化资源。这是一种由企业形象、企业声誉、企业凝聚力、组织士气、管理风格等一系列具有文化特征的无形因素构成的重要资源。

（6）管理资源。管理是对企业资源进行有效整合以达到企业既定目标与责任的动态创造性活动，它是企业众多资源效力发挥的整合剂，其本身也是企业一项非常重要的资源要素，直接影响乃至决定着企业资源整体效力发挥的水平。

（7）人力资源。人力资源是指存在于企业组织系统内部和可利用的外部人员的总和，包括这些人的体力、智力、人际关系、心理特征以及其知识经验的总汇。

人力资源表现为一定的物质存在——人员的数量，同时更重要的是表现为这些员工内在的体力、智力、人际关系、知识经验和心理特征等无形物质。所以，人力资源是有形与无形的统一资源。

它是企业资源结构中最重要的关键资源，是企业技术资源和信息资源的载体，是其他资源的操作者，决定着所有资源效力的发挥水平。

3. 市场资源

所谓市场资源，是指那些不为企业拥有或控制的，但是在市场中存在，而且因为是企业强大的竞争实力、独特的经营策略技巧和广泛的关系网络而可以为自己所用的资源。

在现代经济中，凡是具有经济效益的市场交易都有价值，一般来说，市场资源主要有下列几种（见表5－2）。

表5－2　　市场资源的种类

资源种类	定义	说明
关系资源	指企业因与顾客、政府、社区、金融机构等个人或组织之间有良好的关系而获得的可以利用的存在于企业外部的资源，其中受到重视的是客户关系资源	企业与客户长期良好的合作而建立起顾客忠诚，客户就会成为企业经营中获取强大竞争优势的一项重要资源

续　表

资源种类	定义	说明
杠杆资源	指虽然不属于企业所有，但是企业可以通过 OEM（代工）生产、特许经营、加盟连锁、虚拟经营等方式为我所用的资源	OEM 生产、特许经营、加盟连锁等方式可以以较少的投入撬动较多资源为自己的经营服务，这种资源的利用方式与物理学上的杠杆原理非常相似
社会资源	主要指社会中可供自己利用的，能为企业自身带来优势或经营帮助的事件或人物，特别是现实社会中的名人、名物和各种有影响的事件	现实经营中，许多企业不惜重金聘请名人为自己题字或者做宣传活动，就是利用社会资源的典型例子
文化资源	指历史名人、历史故事和文化传说等广泛存在于社会中的文化资源	关键是要先人一步发掘和加以运用

资源决定商业模式

资源决定商业模式！

2008 年 12 月 3 日，第二十届香港印制大奖颁奖典礼在香港九龙香格里拉大酒店隆重举行。在 70 多个奖项中，雅昌企业集团（以下简称雅昌）荣获 14 项大奖，连续三届蝉联全场总冠军。

雅昌致力于印刷业务，在国内外获得了无数个大奖，曾被赞誉为拥有最佳商业模式。雅昌究竟有什么秘诀？其实，它既不参与拍卖业务，也不经营艺术品，只是这个圈子的资源掌控在了自己手里。

雅昌在艺术品印刷的基础上，以中国艺术品数据库为核心，建立了新经济平台——雅昌艺术网。其将“传统印刷”“现代 IT”“文化艺术”融合在一起，将传统的印刷行业变成了以艺术品数字资产为核心的文化产业，实现了业务效率和质量的最优化。

如今，万捷又重新规划了雅昌的业务，通过核心数据库把艺术品行业最主要的参与者——拍卖行、画廊、投资者、画家、印刷出版公司联结在了一个平台上，展开了印刷、互联网、数字资产管理、摄影、出版、高仿真复制品销售和展览策划等业务。

1. 以高端艺术品印刷为基础

雅昌成立于1993年，最初的定位只是印刷业。其印刷业务经历了三个发展阶段。

第一阶段，拼技术和设备。为了发展，只要是印刷业务都会接下来，不管什么行业，也不论规模。

第二阶段，从1995年开始拼服务，要求员工做到“客户想不到的，我们要想到、做到。不仅让客户满意，而且让客户感动”。

第三阶段，拼系统解决方案。万捷为雅昌选择了一条自己精心设计的道路：艺术品印刷。为成为最具竞争力和赢利能力的艺术品印刷公司，雅昌将目标客户群确立为艺术家、文博机构、出版机构和拍卖机构等，专注于为画家印刷画册、为拍卖行印刷拍卖图录，以及为博物馆印刷纪念资料。

2001年北京申办2008年奥运会时，雅昌用4天时间印制了长达600页的《申奥报告》，设计、制版、印刷、装帧都体现了极高的水准，开启了“申奥”的金钥匙。2008年7月，北京奥组委再次委以雅昌重任，包括第29届奥运会开幕式和闭幕式节目单、奥运会吉祥物各种应用规范书、海报、媒体指南等。这些产品为雅昌带来了巨大的声誉，使雅昌在业界和消费者心中树立起了专业标杆的形象。

2. 以艺术品数据库为核心

多年来，雅昌在书画、文物、拍卖、摄影等领域都积累了大量的数据资料，这些珍贵的数据资料在传统的印刷业中往往被当作无用的垃圾。由于占用硬盘空间，这些资料在印刷业务完成后，通常都要从电脑中删除，实在令人痛惜。

积累了丰富的资源后，雅昌开始酝酿建立网络化的中国艺术品数据库，希望为客户提供增值服务，建立一座艺术品印刷领域的“瑞士银行”。根据不同的客户，雅昌将数据库分成四大类别：艺术品拍卖市场数据库、艺术家及作品数据库、书画印鉴数据库、画谱收录和书画著录数据库。

拥有中国艺术品拍卖数据与艺术家资源及其完整的艺术作品数据，既是中国艺术品数据库的核心价值，也是雅昌得以开发新的商业价值的关键所在。2000 年，雅昌在中国艺术品数据库的基础上开设了一个门户网站——雅昌艺术网，这是中国最大的艺术品门户网站。

在雅昌艺术网的基础上，2005 年雅昌开始发布艺术品拍卖行情，推出了“AMI（雅昌艺术市场指数）”，包括成分指数、分类指数、个人作品成交价格指数三大类艺术品市场指数。AMI 就像股票指数一样，成了艺术品投资分析工具和艺术品市场行情的“晴雨表”。通过它，雅昌有效地将艺术家、艺术品经营者、艺术品买家联系了起来，并让他们对它形成了一种依赖，一次性打通了生产、代理、销售三个环节，整个文化产业链条也由此启动。

在拍卖信息服务优势品牌下，雅昌艺术网延伸至画廊信息服务、艺术家服务等专业领域，在业内奠定了综合型领导品牌地位，获得了丰厚的广告收入。据了解，雅昌艺术网运行后，仅仅一年时间就开始赢利。

此外，雅昌提供了基于网络平台的各种增值服务。比如，为艺术家量身定做个人官方网站、个人数字档案馆、与艺术大师结成合作伙伴为其策划各种展览活动、高端艺术品复制、艺术品收藏、出版业数字资产管理等。同时，还尝试着将部分艺术内容嫁接到工业市场上，以服务于“无限”的消费市场。

3. 资源决定模式

在圈子内，拥有独特资源的雅昌可以处理的业务越来越多，宛如艺术市场的 CPU（中央处理器），整合各种资源，运营着不同的系统，实现了赢利来源多样化。雅昌颠覆了传统的印刷生产方式，将印刷业融入艺术领域，引领印刷业发生了质的变化。

在印刷领域雅昌有竞争对手，在网站方面雅昌也有竞争对手，但传统的印刷业和现代的 IT（信息技术）业组合起来，辅以雅昌在艺术领域积累的独特资源，三者叠加之后，雅昌打出的便是一套漂亮的组合拳，形成了雅昌难以复制的商业模式。

在国外，复制艺术品已经是成熟的市场。但在中国国情下，艺术藏品市场小众化与精英化的情结，抬高了工薪阶层进入的门槛。当资源整合工作逐步成熟后，雅昌用高超的印刷技术复制名画，让艺术品的价值普及化，让更多的人能消费得起原本高价的艺术品，让艺术品变成老百姓日常消费的“必需品”。比如，通过“高级”印刷，把达·芬奇的原作《蒙娜丽莎的微笑》“批量化”生产，成为年轻人新居墙上的一幅装饰画。

雅昌所走的跨领域、跨行业之路，就像沃尔玛、星巴克和苹果一样。沃尔玛不仅经营大卖场，也提供视频下载服务；星巴克不仅卖咖啡，还卖音乐；苹果甩掉了“电脑公司”的外衣，涉足音乐和手机领域。如今，数字化手段对行业定义的颠覆和革新正在极大地改变企业的面貌。有什么样的资源，就要使用什么样的商业模式。

如何优化资源配置

在发展过程中，企业创造的利润，其中80%来自20%的资源；而80%的资源没有得到有效利用，只能创造20%的利润。就这样，很多资源都被我们无意识地浪费了。在使用资源之前，很多企业根本没有思考如何合理使用资源，如此不仅会浪费资源，还会浪费自己的精力。80/20法则认为，只要能够用20%的时间思考如何合理利用资源，就可以使80%的资源得到有效利用，企业也会因此创造出高于80%的利益。

所谓资源配置，就是把一切资源运用到不同的领域，让它们充分发挥价值。在企业经营过程中，如果想要做到物尽其用，就要根据80/20法则进行优化资源配置。如果企业的资源没有被合理利用，自然无法产生理想的收益。

要想实施低价策略，首先就要优化资源配置，把用在创造低价值的领域中的资源投到可以创造高价值的领域中，如此才能获得更高的利益。而低价值的资源，如果能够得到合理的使用，也可以创造出可观的价值。80/20法则认为，企业应该把资源用于高价值的生产中。而高价值的生产也就是可以让资源充分发挥其价值的领域。

1974年，为了清理翻新自由女神像时遗弃的废料，美国政府向社会广泛招标。由于出价太低，这项工程有好几个月都无人问津。正在法国旅行的麦考尔公司的董事长听说了这件事，立刻改变行程赶往纽约。当看到自由女神像下堆积如山的铜块、螺丝和木料时，他喜出望外，立刻便将这项工程承包了下来。

在当地，对垃圾的处理有严格的规定，弄不好就要受到环保组织

的起诉，因此纽约许多运输公司都在等着看麦考尔公司董事长的笑话。

可是，麦考尔公司的董事长并没有把别人的讥笑放在心上，在他眼里，他正在挖掘属于自己的宝藏。他让人把废铜熔化，铸成了小型的自由女神像；把水泥块儿和木头加工成底座；把废铅、废铝做成纽约广场的钥匙，他甚至还把从自由女神像上扫下的灰尘都包装起来，出售给花店。不到三个月的时间，他让这堆废料变成了350万美元现金。

只要能够合理地利用，就能让“废料”成为创造财富的“珍宝”。所谓优化资源配置，就是要把资源用在正确的位置上，把主要的资源用在重要的项目上（见图5－1）。懂得优化资源配置，“变废为宝”不再只是奇迹。

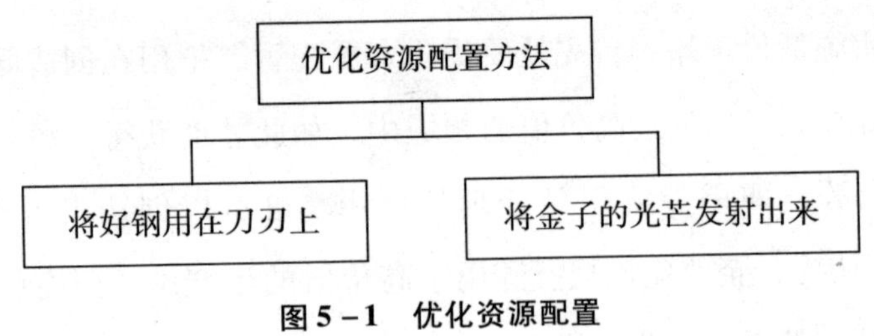

图5－1　优化资源配置

1. 将好钢用在刀刃上

管理者应该把80%的资源用在能够给自己创造80%利益的事情上，可是很多人却会将大部分的精力都用在耗时费力的低价值中，当花费了80%的投资和精力后，得到的只有20%的收获。只有将80%的资源用在可以创造80%利益的事情上，才可以让资源充分发挥价值。

有一家知名的五星级宾馆是从一个名不见经传的三星级宾馆发展而来的，在当时，这家三星级宾馆还曾经由于资金问题面临倒闭的危机。

由于经营不善，艾格将宾馆低价转让给了罗宾。在罗宾刚刚接手的时候，宾馆的流动资金不到10万元，这10万元俨然成为宾馆的“救命钱”。

罗宾仔细分析了宾馆经营不善的原因。两天后，他决定把这10万元用在提高服务水平上。在做这个决定之前，他将宾馆停业两周，对所有的职工进行培训，从礼貌用语到微笑服务都进行严格要求，其中有一项是培训职工刷鞋，这一点让所有的人都觉得很诧异。同时，罗宾还拿出一部分钱更换了床单、购置了雨伞。

在开业前的一周里，罗宾让宾馆的服务员每天都整齐地在门口排成一排，穿着田园风格的服装在门口娴熟地刷皮鞋。这一举动引起了很多媒体的关注，大家都争相过来采访，但每次罗宾都很神秘地说：“这是我们的特色。”

两周之后，宾馆重新开业了。经过一番包装，每个房间都有一个主题，田园风情、夕阳海照、绿野仙踪等，而且每个房间里的涂鸦和床单等布置都与主题相呼应。很多客人都是因为好奇而来的，但是他们都觉得不枉此行。

当一踏进宾馆大门的时候，就能感觉如春风般的微笑。晚上，会有服务员将鞋子拿去刷干净，再打上鞋油。第二天早上，只要一出房门，就能看见自己的鞋子干干净净地摆放在门口，而且上面还有一张卡片，上面写着祝福的语言和天气预报。如果是雨天，客人还会在自己的房门口发现一把雨伞。

正是这样周到的服务，让这家宾馆很快就得到大家的一致好评。

对于宾馆来说，热情周到的服务是最重要的，除此之外，还需要有自己的特色。罗宾正是掌握了经营宾馆的关键点，把资金用在最需要的地方，让有限的资金创造出无限的价值。

每一个企业在经营管理方面都有最关键的因素，只要经营者能够用心思考，在使用资源之前，运用80/20思考法和分析法仔细地研究，就可以把“好钢”用在“刀刃”上，将利益最大化。

2. 将金子的光芒发射出来

在对资源的合理配置中，要努力使金子放射光芒。

无论是在日常生活中，还是在工厂的生产中，在我们的眼里，有一些东西已经没有任何利用价值，但是有时候，事实却并非如此。很多时候，我们都会将本应该发光的金子掩盖，然后又像丢垃圾一样把它扔掉。

在过去一段时间，甘蔗渣就曾被人们忽视，当作无用的垃圾处理掉。后来，当人们把甘蔗渣用作造纸的原料后，人们发现它比用木料造纸的费用节约了一半，而且在回收利用方面也更加方便，从此以后，甘蔗渣便被广泛应用于造纸业。

2003年，广东一家公司又研究出了甘蔗渣的另外一种功能——制作可降解的一次性饭盒。这种一次性饭盒的制作工艺很简单，生产成本也低，废弃后可以全部自然降解，能够降低对环境的污染。

在工业生产中，甘蔗渣还有很多其他的用途，而这些用途都是经过人们仔细研究后“废物利用”的结果。

对甘蔗渣的再利用就是很典型的80/20式的做法，只需投入20%的资本，就可以得到80%的收益。只要能够做到物尽其用，就可以让金子发光。

在企业生产中，很多东西并不是没有使用价值，而是还没有被人们发现，没有得到合理的使用，才会显得微不足道。只要认真思考，就可以把资源在正确的位置上充分发挥其价值，让它发挥自己的潜能。

人力资源管理模式

人力资源也是有一定的管理模式的，现在就简单介绍几种（见图5－2）。

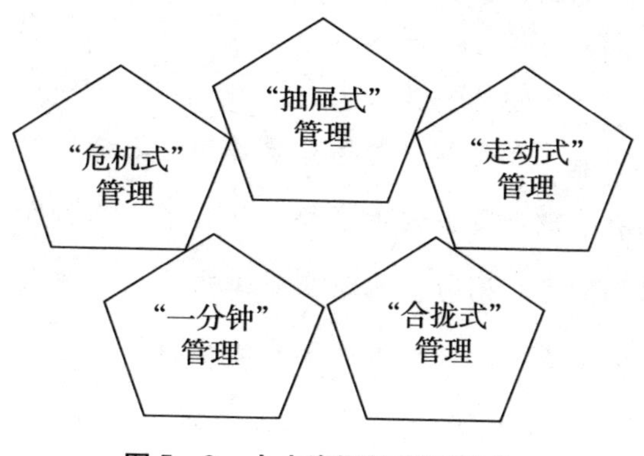

图5－2　人力资源的管理模式

1. "抽屉式"管理

在现代管理中，这种管理模式也叫作"职务分析"。

"抽屉式"管理是一种通俗形象的管理术语，指的是：在每个管理人员办公室的抽屉里，都有一个明确的职务工作规范，在管理工作中，既不能有职无权，更不能有权无责，必须将职、责、权、利相互结合起来。

企业进行"抽屉式"管理通常要经过这样五个步骤：

第一步，建立一个由企业各个部门组成的职务分析小组；

第二步，正确处理企业内部集权与分权关系；

第三步，围绕企业的总体目标，层层分解，逐级落实职责权限范围；

第四步，编写“职务说明”“职务规格”，制定出对每个职务工作的要求准则；

第五步，将考核制度与奖罚制度有效结合起来。

2. “危机式”管理

美国企业界认为，如果经营者不能很好地与员工沟通，不能向员工表明危机确实存在，很快就会失去信誉，失去效率和效益。

美国技术公司总裁威廉·伟思发现，全世界已变成一个竞争的战场，全球电信业正在变革中发挥重要作用。之后，他便启用了两名大胆改革的高级管理人员为副董事长，免去了五名倾向于循序渐进改革的高级人员的职务；同时，他还在职工中广泛宣传某些企业由于忽视产品质量，成本上升，导致失去用户的危机，他告诉员工：如果公司不把产品质量、生产成本和用户放在突出位置，公司的末日就会来临。

3. “一分钟”管理

西方许多企业纷纷采用“一分钟”管理法则，并取得了显著的成效。使用这种方法，可以大大缩短管理过程，实现立竿见影的效果。具体内容为：一分钟目标、一分钟赞美和一分钟惩罚。

（1）一分钟目标。所谓一分钟目标，指的是企业中的每个人都将自己的主要目标和职责明确地写在一张纸上。每个目标和检验标准，都应该在250个字内表达清楚，保证每个人都可以在一分钟内读完。这样，对于明确认识自己为何而干、如何去干是非常有好处的。此外，还可以据此定期检查自己的工作。

（2）一分钟赞美。这是一种人力资源激励，具体做法是，经理花费不长的时间，在职员所做的事情中，挑出正确的部分加以赞美。如此，可以促使员工明确自己所做的事情，更加努力地工作，使自己的行为不断向完美的方向发展。

（3）一分钟惩罚。所谓一分钟惩罚，是指某件事本来应该做好，但却没有做好，就要对有关的人员进行及时批评，指出其错误；然后，再告诉他，你是非常器重他的，不满的是他此时此地的工作。这样，做错事的人便会乐于接受批评，感到愧疚，注意避免同样错误的发生。

4. “合拢式”管理

所谓“合拢”，就是管理必须强调个人和整体的配合、创作整体和个体的高度和谐。

具体特点体现在以下几个方面。

（1）既有整体性，又有个体性。企业每个成员对公司产生使命感，“我就是公司”是“合拢式”管理中的一句响亮口号。

（2）自我组织性。放手让下属做决策，自己管理自己。

（3）波动性。管理必须实行灵活经营策略，在波动中产生进步和革新。

（4）相辅相成。要促使不同的看法、做法相互补充、交流，使一种情况下的缺点变成另一种情况下的优点。

（5）个体分散和整体协调性。组织、小组、个人都是整体中的个体，个体都有分散性、独创性，通过协调形成整体的形象。

（6）韵律性。企业与个人之间达成一种融洽和谐充满活力的气氛，激发人们的内驱力和自豪感。

5. “走动式”管理

所谓“走动式”管理，就是管理者体察民意，了解实情，与部属打成一片，共创业绩。它的优势在于：

（1）主管动，部属也跟着动。

（2）投资小，收益大。不需要太多的资金和技术，就能提高企业的生产力。

（3）看得见的管理。高层管理者要到生产第一线，与工人见面、交谈，鼓励员工积极提意见，甚至与你争辩是非。

（4）现场管理。

（5）得人心者昌。

商业模式与成本控制

所谓成本控制，是指运用会计核算提供的各种信息资料，预定成本限额，按限额开支成本和费用，比较实际成本和成本限额，以衡量经营活动的成绩和效果；同时，以例外管理原则纠正不利差异，提高工作效率，优化预期的成本限额。

一定的商业模式定然会使用一定的成本控制方法，那么如何来进行成本控制呢?

1. 确立成本控制的基本原则

确立成本控制的时候，要遵守一些基本原则，主要包括以下几方面。

（1）成本效益。成本控制通常要经历事中的日常成本控制和事后的成本分析与检查、防护性控制的反馈性控制阶段。

现代的成本控制不是消极地进行成本控制，应该多想办法开辟财源增加收入；应根据成本的效益分析和本量利分析的原理，将成本与收益，成本、业务量与利润之间的关系结合起来，找出利润最大化的最佳成本和最佳业务量。只有这样，才能将损失和浪费消灭在成本控制前，有效地发挥前瞻性成本控制的作用。

（2）因地制宜。因地制宜原则，是指成本控制系统必须个别设计，适合特定企业、部门、岗位和成本项目的实际情况，不能简单照搬别人的做法。

任何一种成本模式都不可能适用所有的企业，因为不同行业、不同规模甚至同一企业的不同发展阶段，其管理重点、组织结构、管理风格、成本控制方法和奖金形式都是有区别的，要考虑企业自身的情况。具体要求如表 5 –3 所示。

表 5 –3　　选择成本模式的基本要求

要求	说明
适合特定部门的要求	财务部门、销售部门、生产部门、技术开发部门、维修部门和管理部门的成本形成过程不同，因此控制标准、控制方法等应该有所不同
适合职务与岗位责任要求	不同职务与岗位权利不同，承担的责任也不同，因此总经理、厂长、车间主任、班组长都需要不同的成本信息
适合成本项目的特点	材料费、人工费、制造费用和管理费用等项目有着不同的性质和用途，控制的方法也应该有所区别

（3）领导推动和全员参加。从本质上来说，任何成本的控制方法，都是要设法影响执行作业或有权干预作业的人，使他们能控制好自我。所以，企业的每个成员都负有成本责任。成本控制是全体职员的共同任务，只有通过全体员工协调一致的努力才能完成。由于成本控制涉及全体员

工，并且不是一件令人欢迎的事情，因此必须由最高管理层来推动。

（4）责权利相结合。要想达成成本控制的预期目标，需要各成本责任中心管理者的共同努力。而要想调动各级成本责任中心加强成本管理的积极性，最有效的办法就是将责权利有效结合起来，即根据各责任中心按其成本受控范围的大小以及成本责任目标承担相应的职责。

为了保证职责的履行，必须赋予一定的权力，并根据成本控制的实效进行业绩评价与考核，对成本控制责任单位及人员给予奖惩，调动全员加强成本控制的积极性。

2. 成本控制方法的种类

成本控制方法有哪些呢?

（1）绝对成本控制。所谓绝对成本控制，就是把成本支出控制在一个绝对的范围中。标准成本和预算控制是绝对成本控制的主要方法。

（2）相对成本控制。所谓相对成本控制，是指为了增加利润，要从产量、成本和收入三者的关系出发来控制成本。

实行这种成本控制，一方面可以了解企业在多大的销量下收入与成本能达到平衡，另一方面可以知道企业的销量达到多少时，企业的利润最高。所以，这种方法是一种更行之有效的方法，不仅可以实时实地地进行管理，还可以从前瞻性的角度来实现成本控制。

（3）全面成本控制。全面成本控制，是指对企业生产经营所有过程中发生的全部成本、成本形成中的全过程、企业内所有员工参与的成本控制。

采用这种方法，企业就要围绕财富最大化这一目标，根据自身的实际情况和特点，建立管理信息系统和成本控制模式，确定以成本控制方法、管理重点、组织结构、管理风格、奖惩办法等相结合的全面成本控制体系，实施目标管理与科学管理结合的全面成本控制制度。

（4）定额法。所谓定额法，是指以事先制定的产品定额成本为标准，在生产费用发生时，及时提供实际发生的费用脱离定额耗费的差异额，让管理者及时采取措施，控制生产费用的发生额；并且根据定额和差异额，计算出产品的实际成本。

（5）成本控制即时化。成本控制即时化，就是管理者每天下班前记录当天发生的人工、材料、机械使用数量与工程完成数量，经过项目经理或者交接班人员的抽检合格，经过计算机软件的比较分析得出成本指标是否实现及其原因。

（6）标准成本法。标准成本法是西方管理会计的重要组成部分，是指以预先制定的标准成本为基础，将标准成本与实际成本进行比较，对成本差异进行核算和分析，也是加强成本控制、评价经济业绩的一种成本控制制度。

（7）经济采购批量。经济采购批量，是指在一定时期内，在进货总量不变的条件下，使采购费用和储存费用总和最小。

（8）本量利分析法。本量利分析法是在成本性态分析和变动成本法的基础上发展起来的，主要研究的是成本、销售数量、价格和利润之间的数量关系。它是企业进行预测、决策、计划和控制等经营活动的重要工具，也是管理会计的一项基础内容。

（9）线性规划法。线性规划法是企业进行总产量计划时常用的一种定量方法。主要用于研究有限资源的最佳分配问题，即如何对有限的资源作出最佳方式的调配和最有利的使用，充分发挥资源的效能去获取最佳的经济效益。

（10）价值工程法。价值工程法，是指通过集体智慧和有组织的活动对产品或服务进行功能分析，以最低的总成本（寿命周期成本），可靠地实现产品或服务的必要功能，提高产品或服务的价值。

（11）成本企划法。成本企划法是一种先导性和预防性的控制方式。首先，确定一定的方法和步骤，根据实际结果偏离目标值的情况和外部环境变化采取相应的对策；其次，调整先前的方法和步骤，针对未来的必达目标，对目前的方法与步骤进行弹性调整。

（12）目标成本法。首先，确定客户会为产品（服务）付多少钱；其次，设计能够产生期望利润水平的产品（服务）和运营流程。

第六章

模式设计：企业发展的图纸

一种商业模式设计，如果没有战略控制手段的支持，就好像一艘航船的底部有一个漏洞，它会使船很快沉没。为了保证利润增长，企业在进行商业模式设计的时候，必须同时寻求和建立自己的战略控制手段。这是一个大问题。建立战略控制手段的目的是保护商业模式创新带来的利润流，使其免受竞争对手和用户势力的侵蚀。

客户价值最大化原则

客户价值最大化是商业模式的出发点，企业价值最大化是商业模式设计的归宿。要么是让客户以较小的成本获得同等或者更多的价值，比如如家、格兰仕和利乐、施乐等；要么是客户在同等的成本付出下获得更多的价值，比如ZARA（飒拉）和宜家家居。现在，就让我们来看看如家酒店和格兰仕微波炉是如何实现客户价值的最大化的。

1. 如家酒店

在如家酒店出现以前，中国的很多酒店都是星级的，配置高端，硬件设施豪华，软件服务周到。这些软硬件服务都不是免费的，会产生很多衍生费用，最终都得由消费者来埋单，因此酒店住宿的价格一直都比较高。

如家通过大量的市场调研发现，消费者对星级酒店所衍生出来的软硬件服务的利用率并不高，不太需要这样的衍生服务；可是，他们的基本要求都是一致的——需要一个安静、舒适、温馨的睡眠环境。

把握了目标消费人群的这个需求，于是就有了如家快捷酒店。如家快捷酒店在星级酒店的基础上进行创新，他们剔除了一些不必要的软硬件服务，只提供一些基本的服务，得到了目标消费人群的普遍欢迎。

2. 格兰仕微波炉

格兰仕是微波炉市场无可争议的老大，在中国乃至在全球市场上，都占据着极高的市场份额。格兰仕之所以会取得成功，除了无可争议的产品品质外，非常重要的就是渠道方面的创新。

格兰仕微波炉的价格是全球最低的，为什么能够提供这么低的价格？除了生产制造方面降低成本之外，它还在渠道甚至推广等方面将成本控制在最低。

在市场上，很多产品卖给消费者的价格都是偏高的，其中一个重要的原因就是渠道占据了太多的成本，最后把这些成本都转嫁到了无辜的消费者身上。

很多小家电在渠道和终端上都做得非常精致，自然会产生一些费用。格兰仕在欧洲市场考察发现，国外的小家电是摞起来卖的，它们并不像国内的小家电在终端上摆得那么整齐划一，在终端陈列上做得那么讲究。

格兰仕微波炉便采取了国外小家电渠道和终端的做法，省去了不必要的渠道和终端费用，给消费者提供了最低的价格。

怎样才能让消费者以较小的成本获得同等的价值？产品和服务最终卖给消费者的价格，是由很多数不清的成本构成的，包括设计成本、加工成本、原料成本、渠道成本、品牌推广成本等。这些成本都是费用，最终都会归入成交价格。

如何才能在不降低产品质量的情况下，以较低的价格把产品和服务提供给消费者？从如家和格兰仕的做法中就可以发现，最好的方法就是，以消费者为导向，剔除一切想当然的成本，把设计制造、渠道流通、市场推广的费用尽量压缩到最低，在价格上做到最低。

如今，很多企业在设计制造、原料采购、成本控制上已经做得比较好了，但是在渠道流通和市场推广这两个环节，还是有很多水分的。如果盲目地追求优质的终端渠道，忽视了消费者的需求，忽视了产品的本身自然属性，就会增加花费，使产品的价格居高不下，让企业丧失竞争力。

移动互联网时代，手机购物为什么会大行其道？其实，手机购物是一种渠道的创新，省去了中间环节，极大地降低了渠道成本，所以商品的价格更具有竞争力。

通过上面这些企业的创新商业模式，可以得出惊人的结论：商业模式创新不是凭空想象出来的，不是闭门造车，而是对市场需求的深刻洞察，对市场机会的精准把握，对市场趋势的精确预判。

你的核心竞争力在哪里

简单来说，核心竞争力指的是企业能够长期获得竞争优势的能力。该能力是企业本身所特有的，并且是竞争对手难以模仿的。

对于任何一家企业来说，能否在移动互联网的环境下平稳而快速地向前发展，很大程度上是由企业的核心竞争力决定的。如果企业拥有独特的核心竞争力，不管这种竞争力是表现在技术上还是在管理制度方面，在市场上也就拥有了连续发展的能力。

世界500强的大企业排名每年都有新变化，有些企业从中消失了，有些企业挤进去了。企业的经营者也一样，有些沉下去了，有些浮上来了。为什么大家对核心竞争力如此狂热？原因很简单，因为在大家心中，核心竞争力对企业太实用，大家都对它产生了崇拜心态。

当然，核心竞争力是需要企业进行开发和培养的，还要在使用的过程中不断地进行再发展和更新换代，绝不能抱着“毕其功于一役”的想法。

1. 核心竞争力的特点

现在，我们来详细分析一下核心竞争力的特点（见图6-1）。

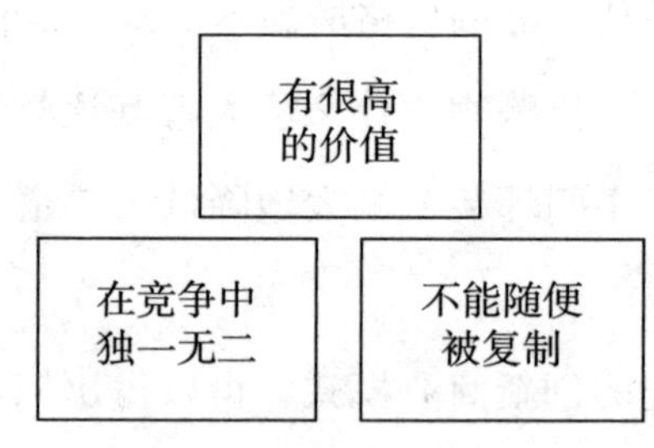

图6-1 核心竞争力的特点

（1）有很高的价值。能让企业在竞争中有持续发展的能力，这种竞争力要有很高的价值。如果企业的优势需要依靠资金或者其他各方面资源的大量投入，这种竞争能力就不能称为核心竞争力。真正的核心竞争力具有自己的价值，它是稳定的，能够为企业创造出有利的环境。

（2）在竞争中独一无二。核心竞争力是需要开发的，如果一种竞争能力非常有价值，但是已经被其他企业所利用，竞争对手拥有跟你一样的能力，这种能力就无法成为核心竞争力。

（3）不能随便被复制。不能随便被其他企业复制模仿，即使模仿，也要让对手付出很高的成本。核心竞争力是企业的战略武器，是企业获得成功的关键，如果可以轻易地被其他人学习并超越，只能给企业带来短暂的利益，无法实现长远的发展。

2. 如何探索和发展自身的核心竞争力

企业如何探索和发展自身的核心竞争力呢？笔者认为，可以从下面几点来进行。

（1）从现代企业制度方面进行探索创新。移动互联时代，市场信息万变，今天不容易被别人学习到的东西，明天可能就会风靡市场。因此，一定要从现代企业制度方面进行不断的探索和创新。

（2）在企业环境上下功夫。精神方面是最不容易被复制，也是最能促进企业发展的。管理者要找到企业的文化价值，优化利用人的才能，将人力资源的优势发挥到最好。如果能够将这一点作为核心竞争力来发展，定然能将企业锻造成一支锐利的团队，所向无敌。

（3）技术和服务层面的创新。所谓核心竞争力，就是别人没有的竞争力，只有拥有领先别人的科学技术或者服务水平，才能在激烈的竞争中脱颖而出。

（4）根据企业的不同发展阶段培养核心竞争力。在企业初创阶段，核心竞争力要保证企业的生存和利润的获得。

在成长阶段，企业的任务是积累实力，这时候需要掌握核心技术，形成技术优势；同时要修炼内功，建立起有凝聚力的企业文化。

当企业发展壮大为一个大企业后，其核心竞争力的关键就是创新。

需要注意的是：企业核心竞争力的提升不可能一蹴而就，它是一个长期的、动态的过程。所以，要不断学习和创新，重视企业的核心竞争力建设，努力搞好企业的核心竞争力建设。

企业组织模式设计

在移动互联时代，很多企业家都发出了这样的感慨：赚钱是越来越难了。企业规模一天比一天大，业务量一天比一天多，但利润却一年比一年少。那么，问题出在哪里呢？关键是没有设计好企业的组织模式。

那么，企业应该如何设计好企业的组织模式，打造自己的核心竞争能力，突破已经或者即将遭遇的成长瓶颈呢？答案如图 6－2 所示。

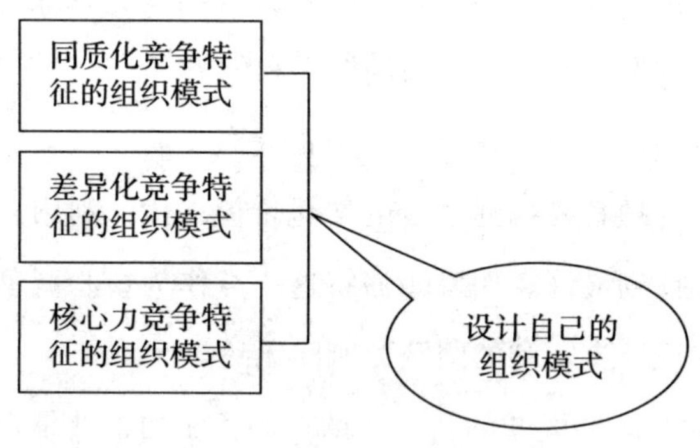

图 6－2　设计好自己的组织模式

1. 同质化竞争特征的组织模式

同质化主要指主流产业中产品功能、价格、质量、营销手段的同质化。具有这种特征的组织模式，企业的战略思路通常都会摇摆不定，最典型的特点是重生产、轻营销，依靠传统人力资源简易管理。

在这种模式下，产品为消费者提供的功能是企业参与竞争的基本条件。技术的进步虽然可以使同类产品的功能实现超越，但是很多企业依然丝毫感觉不到依靠功能创新获取竞争优势面临的风险。产品、市场、竞争的同质化把企业逼向价格战的角落，自降身价的结果是“伤敌一千，自损八百”。

尽管目前国内企业的价格战已经让很多行业奄奄一息，很难有气力与跨国公司一决高低，但是价格战依然此起彼伏。比如影碟机，虽然产品不断更新，但是一路走来，有几个企业能稳赚不赔？

2. 差异化竞争特征的组织模式

差异化竞争主要指依靠规模化、低成本、工艺革新等形成的差异化进行比较优势竞争。采用这种组织模式的企业一般都已经逐渐形成成熟的发展思路，企业价值主张是以产品或部分顾客导向：或者脱离了同质化竞争，或者是同质化竞争的领先者，能够依靠差异化优势获得阶段性比较优势。但是，如果不能积极创造新的差异化，企业很快就会被对手超越，很快就会遭遇成长瓶颈。

在取得竞争优势后，企业如果不能相继培育出企业的核心竞争能力，比较优势也只能让企业风光一时。依靠比较优势只能让企业获得阶段性成功，在取得阶段性成功以后，一定要沉下心来精心培育自己的核心竞争能力，否则会遭遇成长瓶颈的挤压而难以出人头地。

3. 核心力竞争特征的组织模式

核心力竞争主要指依靠品牌战略、技术研发、行业标准、发明专利等知识产权优势进行竞争，是目前竞争的最高境界。

拥有这种组织模式的企业，一般都发展思路清晰，以顾客为导向的价值体系比较完善，有较强的创新和自我超越能力，业务模式大多趋向于奢侈品、技术资金密集产业，组织结构呈现跨国特点，是知识经济的受益者，可以发展为行业翘楚或者是隐形冠军。

4. 确立自己的组织模式

上面三类基于产品的业务模式，涉及产品的功能、价格、质量、促销手段、规模化、低成本、工业设计、工艺革新、增值服务、资源整合、营销策略、品牌战略、技术设计、行业标准、发明专利、持续创新等要素，是企业最普遍的竞争形式。

模式选择决定赢利能力，企业在竞争的某一阶段，只要立足一项要素，就可以建立自己的竞争优势；只要选择一种适合的商业模式，采取不同的营销策略组合，就能赢得竞争。

企业渠道模式设计

什么是营销渠道？所谓营销渠道，就是指某种货物或劳务从生产者向消费者移动时，取得这种货物或劳务所有权或帮助转移其所有权的所有企业或个人。

2015 年 6 月 10 日，《北京商报》上出现了这样一则新闻：

广州洗衣液品牌蓝月亮正在与其 KA（大型连锁卖场）渠道进行一场拉锯战。6 月 9 日，位于广州、成都、西安等地的大润发、人人乐、家乐福等大型超市已对蓝月亮进行下架处理，蓝月亮的推销员也陆续离场。

蓝月亮产品为何会遭到下架？有消息称，蓝月亮与 KA 卖场双方在年度合同的谈判未能达成一致，蓝月亮单方面提出诸如约定供价在内较为严苛的要求，导致双方合作暂时中止。

据一家大型超市负责人介绍，蓝月亮产品下架发生在家乐福、大润发、欧尚等多家超市，所以并非单个超市的行为，而是蓝月亮自身出了问题。蓝月亮想要专注线上渠道，并抛弃线下 KA 渠道。

可是专家分析，蓝月亮不可能抛弃传统 KA 渠道，只是现在线上销售价格过低，影响线下销售；同时，蓝月亮又修改合作战略，并降低对渠道商的扣点，渠道商无利可图，最终导致多家渠道商联合起来上演了一场逼宫大戏。

一般情况下，为了增加客流量，渠道商会在与品牌商的合作中做出一些让步，蓝月亮作为洗衣液品类中的领导品牌本应该在与渠道商的谈判中拥有话语权，而现在渠道商联合起来对蓝月亮进行抵制，一方面是蓝月亮作为洗衣液类领导品牌的市场份额正在逐渐下滑；另一方面受到线上销售的影响，渠道商日子也并不好过。

数据显示，几年前号称占据44%洗衣液市场份额的蓝月亮目前已经下降到约30%。此外，随着市场的竞争，洗衣液的毛利率虽然达到30%左右，但是利润率并不高，只有10%～15%。毛利中的绝大部分贡献给了广告营销以及终端降价促销。

随着人力成本的上涨、互联网商业的发展，蓝月亮依靠大规模的地面人员递推的销售模式已经出现弊端，这种模式将成为蓝月亮的隐患。夏季正值洗衣液类产品销售旺季，遭到各渠道商全国范围的下架，这对蓝月亮的销售将产生不可挽回的影响，这是蓝月亮不愿意看到的。

厂家运作市场都有自己的一套运营开发模式，产品在不同的厂家命运也会不一样，有的昙花一现，有的成为常青树。在渠道为王的时代，产品在开发初期根据企业自身的状况来量身打造符合自己的渠道模式很有必要。

模式一：先流通，再商超。此为风险最小的做法，费用少。

模式二：先商超，再流通。此做法费用大，风险高。

模式三：流通和商超同时做。此为国际大品牌和有钱人玩的招数。

模式四：特殊渠道—流通—商超。此保密性较高，竞争少。

模式五：特殊渠道—商超—流通。

模式六：专卖店—流通—商超。

模式七：专卖店—商超—流通。

模式八：专卖店—特殊渠道。

企业赢利模式设计

赢利模式是对企业经营要素进行价值识别和管理，在经营要素中找到赢利机会，探求企业利润来源、生成过程和产出方式的系统方法。那么，如何来设计企业的赢利模式呢？在这里，我们就给大家介绍几种常见的赢利模式。

1. 客户解决方案模式

为了了解客户而投资，设计解决方案，建立良好的客户关系，对供应商来说，这种做法在发展客户关系的初期是净投入，但以后会带来大量的利润。

1999 年，金山软件公司进入杀毒市场，他们首先制作了金山毒霸网络测试版在互联网上免费下载，虚心听取用户的意见和建议，及时改进产品，前后历时 18 个月，经历了 150 万测试用户的考验。2000 年 11 月，成熟的金山毒霸软件正式出炉，金山公司再接再厉，10 万份限时使用版敞开大门免费发放，将声势造至最高潮。等到正式版发售的当天，一下吃进全行业最大订单（16 万套），一夜间超越诸多老牌厂商，迈入杀毒业三甲行列。

2001 年 6 月，金山在全国 100 多家主要城市统一启动“反病毒体验”行动，以每套 5 元工本费的价格发放金山毒霸 2 体验版 50 套，并承诺购买体验版的用户有资格以 68 元的特优价格升级到定价 168 元的正式版。此番连卖带送，为新版软件“预定”了大量客户。

2001 年金山公司销售额突破 1 亿元，其中杀毒软件系列就贡献了

3000 万元，利润近 30%，并成功超越老牌劲旅江民公司，位居次席（瑞星首居）。

2. 产品金字塔模式

在产品金字塔模式中，满足客户对于产品风格、颜色、价格等偏好是最重要的。只有正确看待客户在收入和偏好上的差别，才可以形成产品的金字塔。在塔的底部，是低价位、大批量的产品；在塔的顶部，是高价位、小批量的产品。

为了拓展市场空间，同时避免在大城市与其他主要品牌直接冲突，科龙瞄准了有待开发的农村和内陆省份。农村消费者购买能力有限，而且只有基本功能的产品就能满足他们的需要。为了保护科龙品牌的高档次形象，于是推出了“容声”和“容声经济型”冰箱，这是操作简单、价格低廉的产品。对特殊的客户群作出适当的价值设计，这是科龙成功的基石。

因为提供了恰当的产品和具有竞争力的价格，科龙迅速打开了内地和农村市场，产量继续扩大，由于不同的产品有 1/3 使用的是普通部件，规模化生产使所有的产品成本降低，科龙既在低档产品上通过大批量获得利润，又在高档产品上获得了更高的利润，而且还为下一步激烈的价格战预留了降价空间。

1999 年科龙集团销售额达 56 亿元，净利润 6.4 亿元，利润率明显高于行业水平。

3. 多种成分系统模式

在多种成分系统模式中，一个供应系统应包含若干个子系统，有的子系统占有较大比重的利润，有的几乎无利可图。这种系统模式可以应用于各种行业，比如，碳酸饮料行业、旅店业、书店等。

投拍电视剧怎么赚钱？以一部每集投资20万元，共20集的电视剧为例，影视公司花10万元买到剧本，找到投资商投400万元，联系100家电视台征集广告。

以常规贴片方式可播4条30秒的广告，广告总收入约800万元，除去先期投资的成本400万元还赢利400万元。其中影视公司玩空手道赚200万元，投资商投400万元赚200万元。

这样的回报率算低的，高的可达200%~300%。各家电视台“购”片几乎不给一分钱，而是以广告的时间换节目，电视制作公司的利润源于经营属于自己的广告时段。

4. 配电盘模式

在某些市场，许多供应商与许多客户发生交易，双方的交易成本很高。这就会导致出现一种高价值的中介业务。这种业务的作用类似于配电盘，其功能是在不同的供应商与客户之间建立一个沟通的渠道，从而降低买卖双方的交易成本。

在1996年以前，中国红星家具集团旗下的连锁家具城主要卖自产的家具，也代理一些其他的品牌，生产和流通的各个环节都由自己完成，占用资金很大，而且人才储备、管理方式都跟不上迅猛发展的步伐，企业出现危机。

从1997年起，企业采取了一种“虚拟盛业模式”，这种模式实际上就是配电盘模式。首先，果断砍掉了大多数不赢利的商城，集中资金将余下的家具城每家改扩建到2万平方米以上。接着，大胆打破只卖家具的传统，引入“家居”概念，形成了家具、装饰、建材、家电等多位一体的综合性大商场；在赢利模式上，变租赁场地为买断或自建商城，变获取产品价差为提供经营场地和服务收取租金和管理费；在管理方式上，红星不再负责经营中的物流进出货，各个卖点由入驻厂家自主管理经营。

5. 速度模式

在某些行业，创新业务的供应上具有先天优势，可以获得超额回报。随着效仿者的跟进，利润就会受到侵蚀。速度模式正是反映了创新者的先行之利。在速度模式中，利润来自产品或服务的独特性，超额利润将随着效仿者的进入而逐渐消失。

华为对研制推出新产品（技术）的做法是：一批投入规模的商业运用、一批进入中试阶段、一批进入研制阶段、一批进入立项程序、一批新点子出笼，逐渐演进，去旧出新。截至2001年12月，累计申请专利1021项，申请国内外商标468件次。

对于通信领域推出的新鲜事物，华为总是第一时间作出反应。无论是最先的移动电话的GSM（全球移动通信系统）系统，还是热门的CMDA（电信的一种模制）、GPRS（通用分组无线服务技术）系统；无论是调制解调器上网时代，还是目前的宽带上网。华为总能结合国内外先进技术，在第一时间拿出符合中国国情的业务解决方案，同时采用客户解决方案模式，销售自己的设备和技术。

6. 卖座“大片”模式

在创新十分重要的行业，掌握速度模式对企业十分必要。在研究和开发商投资巨大、产品推介成本高、产品周期有限的行业，主要是那些制药公司、出版商（书籍、音乐）、制片商、软件公司，则更应侧重于卖座“大片”模式。

在产品开发成本固定（通常较高）、开发之后的边际制造成本较低时，获得高利润的最好方式是增加产品的销售数量。

成立于1992年的太太药业，主要从事保健品及中西药品开发、生产和销售。1993年投入巨额研制出太太口服液，因其定位准确，一炮走红。经过长期的品牌形象塑造和改进配方，一直长盛不衰，成为太太药业的当家花旦。

取得如此骄人的业绩，源于太太成功运用卖座“大片”模式的结果。2001年，太太公司已上市产品30多个，而其主推的两个拳头产品——太太口服液和静心口服液，为公司总收入及利润贡献率接近80%，虽然投资了1亿元的广告费，但也是物有所值。

7. 利润乘数模式

利润乘数模式是指从某一产品、产品形象、商标或服务，重复地收获利润。对于拥有强大品牌的公司来说，利润乘数模式是一个强有力的赢利机器，一旦投巨资建立了一个品牌，消费者就会在一系列产品上认同这一品牌。

当然，利润乘数模式的应用也有风险，因为品牌可能应用于一个对客户没有影响的领域。迪士尼一直控制米老鼠形象的适用，避免将其应用于可能威胁其价值的地方。品牌是宝贵的资产，但也是脆弱的。

迪士尼公司将同一形象以不同的方式包装起来。米奇、米妮、小美人鱼等角色出现在电影、影视、书刊、服装、手表、午餐盒、主题公园、专卖店。不管采用什么形式，这些角色都为迪士尼公司带来回报。在迪士尼公司，没有人像这些角色那么忙碌。

8. 创业家模式

当创业成功与发展时，规模经济开始发挥作用：企业的间接费用上升，不必要的支出增加，决策缓慢，脱离客户。为了抵消这种消极力量，有些公司，就会重组自己，将公司分成很小的利润中心，强化赢利责任，更加接近客户。

为了保持与客户的直接联系，承担赢利指标，对公司股价责任，美国热电公司不断分拆出一些新的子公司。同时，这种模式还释放了一种强大的力量——一种向上的激励。新公司的管理者持有自己公司的股权。如果他们业绩良好，也可以得到巨大回报。

9. 专业化利润模式

在许多行业，专业化厂商的赢利是“万金油”型厂商赢利的数倍。专业化厂商获利丰厚的原因是低成本、优良的声誉、较短的销售期、更高的现金流入。

1994 年九阳电器开始生产豆浆机时，这个市场还很不成熟，豆浆一煮就糊的技术缺陷使消费者望而却步，厂家纷纷转产。

九阳经过数年的技术攻关，发明了智能不粘技术，在业界声名鹊起。之后，九阳花大力气培育豆浆机市场，在全国报刊上联办豆浆营养知识专栏。短短数年，全国市场容量从不到10万台迅速扩容到2001年的200万台。接着，九阳顺势又推出了外加豆豆浆机、浓香型豆浆机等新品，逐渐确立了豆浆机在市场的王者地位。

哪里有利润，哪里就有竞争。100多家大大小小的豆浆机生产企业前赴后继地冒出来。2001年6月，家电巨头荣事达、美的先后宣布进军豆浆机领域，均扬言在1～2年内成为该市场的领导品牌。结果，2001年，九阳公司销售同比猛增60%，达160万台，市场占有率超过80%，销售额近4亿元。

10. 技术产品模式

在许多用于基础产品模式的业务中，基础产品的销售额或利润并不高，但其衍生产品的利润极有吸引力。

2000年柯达（中国）公司推出“9.9万当老板”建店行动计划，欲建柯达快速冲印店中小投资者趋之若鹜。其实柯达冲印设备的利润微薄，而后续的巨星相纸和冲印套药供应所带来的丰厚利润，则让柯达乐开了花。

2001年，柯达实施以让更多人拥有相机为主旨的“相机播种计划”，在中国西部地区二级城市为主的市场上，每年投放30万套KB10的相机胶卷套装。该套装由4个柯达MAX400的胶卷和一台可重复使用的相纸组成，仅售99元。而单个MAX400胶卷的零售价就得26元。

虽然套装本身几乎没有利润可言，但套装的购买者必将成为未来柯达胶卷的消费者，这将让柯达受用无穷。

风险管理与合理避税

1. 风险管理

风险管理过程包括风险规划、风险识别、风险评价、风险处理和风险监控几个阶段（见图6－3）。

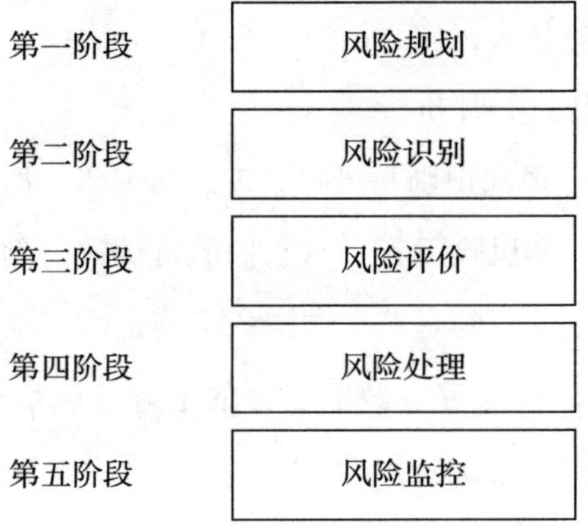

图6－3　风险管理过程

（1）风险规划。风险规划指的是决定如何着手进行风险管理活动的过程。在进行风险规划时，主要考虑的因素有风险管理策略、预定义角色和指责、各项风险容忍度、工作分解结构、风险管理指标体系。

规划开始时，要制定风险管理策略并形成文件。早期的主要工作包括：确定目的和目标；明确具体区域的职责；明确需要补充的技术专业，规定评估过程和需要考虑的区域；规定选择处理方案的程序；规定评级图；确定报告和文档需求，规定报告要求和监控衡量标准。如有可能，还要明确如何评价潜在资源的能力。

风险规划过程的运行机制是为风险管理过程提供方法、技巧、工具或其他手段、定量的目标、应对策略、选择标准和风险数据库。其中，定量的目标表示了量化的目标；应对策略有助于确定应对风险的可选择方式；选择标准指在风险规划过程中制定策略；风险数据库包含历史风险信息和风险行动计划等。

风险管理计划在风险规划中起控制作用。风险管理计划要说明如何把风险分析和管理步骤应用到项目之中。该文件详细地说明风险识别、风险评估、风险处理和风险监控的所有方面。风险管理计划还要说明项目整体评价的风险的基准是什么，应当使用什么样的方法以及如何参照这些风险评价基准对项目整体进行评价。

（2）风险识别。风险识别是风险管理的第一步，即识别实施过程中可能遇到的所有风险源和风险因素，对它们的特性进行判断、归类，并鉴定风险性质。风险识别的目的是减少结构的不确定性，也就是发现引起风险的主要因素，并对其影响后果做出定性的估计。该步骤需要明确两个问题：明确风险来自何方（确定风险源），并对风险事项进行分类；对风险源进行初步量化。

风险的识别是风险管理的基础，是一项持续性、反复作业的工作。对风险的识别不仅要通过感性认识和经验进行判断，更要依靠对各种客观统计资料和风险记录进行分析、归纳和整理，从而发现各种风险的特征及规律。

常用的风险识别方法有专家调查法（头脑风暴法、德尔菲法、访谈法、问卷调查法）、情景分析法、故障树分析法等。

（3）风险分析和评价。风险分析和评价是在对风险进行识别的基础上，对识别出的风险采用定性分析和定量分析相结合的方法，估计风险发生的概率、风险范围、风险严重程度（大小）、变化幅度、分布情况、持续时间和频度，从而找到影响安全的主要风险源和关键风险因素，确定风险区域、风险排序和可接受的风险基准。在分析和评价风险时，既要考虑风险所致损失的大小，又要考虑风险发生的概率，由此衡量风险的严重性。

风险分析和评价的目的是将各种数据转化成可为决策者提供决策支持的信息，对各风险事件后果进行评价，并确定其严重程度。在确定风险评价准则和风险决策准则后，可以从决策角度评定风险的影响，计算出风险对决策准则影响的度量，由此确定可否接受风险，或者选择控制风险的方法，降低或转移风险。

风险分析和评价的方法主要有专家打分法、蒙特卡罗模拟法、概率分布的叠加模型（CIMM 模型）法、随机网络法、风险影响图分析法、风险当量法等。

（4）风险处理。所谓风险处理，就是对风险提出处置意见和办法。通过对风险识别、估计和评价，把风险发生的概率、损失严重程度和其他因素综合起来考虑，就可得出发生各种风险的可能性及其危害程度，再与公认的安全指标相比较，就可确定的危险等级，从而决定采取什么样的措施以及控制措施应采取到什么程度。

有效处理风险，可以从改变风险后果的性质、风险发生的概率或风险后果大小三个方面提出多种策略。

（5）风险监控。风险监控就是通过对风险识别、估计、评价、处理全过程的监视和控制，保证风险管理能达到预期的目标。

监控风险实际上是监控生产活动的进展和环境，即情况的变化，其目的是：核对风险管理策略和措施的实际效果是否与预见的相同；寻找机会改善和细化风险控制计划，获取反馈信息，以便将来的决策更符合实际。

在风险监控过程中，不仅要及时发现那些新出现的风险，及时反馈；

还要根据对生产活动的影响程度，重新进行风险识别、估计、评价和处理；同时，还应对每一风险事件制定成败标准和判据。

风险监控的主要方法有审核检查法、监视单、风险报告等。

2. 合理避税

合理避税是很常见的，很多企业都在采取措施合理避税。其含义是，在法律允许的情况下，纳税人在税法许可的范围内，通过不违法的手段对经营活动和财务活动精心安排，尽量满足税法条文所规定的条件，减轻税收负担。

那么，企业如何合理避税？从实用角度来看，国内的避税方法如下。

（1）注册到“避税绿洲”。凡是在经济特区、沿海经济开发区、经济特区和经济技术开发区所在城市的老市区以及国家认定的高新技术产业区、保税区设立的生产、经营、服务型企业和从事高新技术开发的企业，都可享受较大程度的税收优惠。

中小企业在选择投资地点时，可以有目的地选择以上特定区域从事投资和生产经营，从而享有更多的税收优惠。

（2）进入特殊行业。哪些特殊行业可以合理避税呢？

托儿所、幼儿园、养老院、残疾人福利机构提供的养育服务，免缴营业税。

婚姻介绍、殡葬服务，免缴营业税。

医院、诊所和其他医疗机构提供的医疗服务，免缴营业税。

安置“四残人员”占企业生产人员35%以上的民政福利企业，经营属于营业税“服务业”税目范围内（广告业除外）的业务，免缴营业税。

残疾人员个人提供的劳务，免缴营业税。

（3）做“管理费用”的文章。企业可以提高坏账准备的提取比率，获得坏账准备金的管理费，减少当年的利润，就可以少交所得税。尽量缩短折旧年限，折旧金额就会增加，利润就会减少，所得税就会少交。另外，采用的折旧方法不同，计提的折旧额相差很大，最终也会影响到所得税额。

（4）合理提高职工福利。在生产经营过程中，可以在不超过计税工资的范畴内适当提高员工工资，为员工办理医疗保险，建立职工养老基金、失业保险基金和职工教育基金等统筹基金，进行企业财产保险和运输保险等。这些费用可以在成本中列支，不仅能够帮助私营业主调动员工积极性，还可以减少税负，降低经营风险和福利负担。

（5）做足“销售结算”的文章。企业应当根据自己的实际情况，尽可能延迟收入确认的时间。延迟纳税会给企业带来意想不到的节税效果。常用的避税方法有很多，比如，利用国家税收优惠政策、转移定价法、成本计算法、融资法和租赁法。

（6）用足税收优惠政策。新税法的颁布实施将减免税的权力收归国务院，避免了减免税过多过乱的现象。同时，税法又以法律的形式规定了各种税收优惠政策，比如，高新技术开发区的高新技术企业按15%的税率征收所得税；新办的高新技术企业从投产年度起免征所得税2年等。企业应该加强这方面优惠政策的研究，最大限度避税，壮大企业实力。

（7）定价转移。转移定价法是企业避税的基本方法之一，它是指在经济活动中，有关联的企业双方为了分摊利润或转移利润，在产品交换和买卖过程中，根据企业间的共同利益进行产品定价。采用这种定价方法可以高于或低于市场公平价格，达到少纳税或不纳税的目的。

（8）分摊费用。费用分摊就是指企业在保证费用必要支出的前提下，想方设法从账目找到平衡，使费用摊入成本时尽可能地最大摊入，从而实现最大限度的避税。

常用的费用分摊原则一般包括实际费用分摊、平均摊销和不规则摊销等。只要仔细分析一下折旧计算法，就可总结出普遍的规律：无论采用哪一种分摊，只要让费用尽早地摊入成本，使早期摊入成本的费用越大，那么就越能够最大限度地达到避税的目的。

可持续性赢利问题

如何实现可持续赢利，是伴随着企业经济活动的一个永恒主题。

创业者和中小企业主之所以要关注这个问题，是因为他们需要在挤满竞争者的荆棘丛中找到一条捷径；大型企业领导人之所以要关注这个问题，是因为他们要让大象般的企业学会跳舞，避免成为商业环境演变下消亡的恐龙。在移动互联时代，企业如何维系长期生存与赢利能力更成为企业家们共同关注的话题。

但是，每个企业所处的商业环境不同、客户定位不同、产品与服务的选择不同、拥有的资源不同、对资源的安排也不同。总之，每个企业都是一个复杂的个体。于是，如何实现可持续赢利的问题是一个比较困难的问题。

一个可持续赢利的商业模式主要包括两个核心内容：客户价值和企业价值。其中，客户价值是企业为客户所提供的价值；而企业价值是企业在为客户提供价值的过程中所带来的自身价值。客户价值和企业价值有如太极中的阴阳两极，相生相伴，互生共荣。

为客户提供价值是企业存在的基础，但是如果只能为客户提供价值，而无法为企业自身创造价值，企业的长期生存就失去了保障。在经济环境好的时候，企业能够维系生存甚至快速发展，然而，当经济一旦出现波动，企业就会随即分崩离析。那么，如何来实现可持续赢利呢？

1. 创造和迎合新的客户机遇

商业环境的变化经常会带来基于客户的商业模式创新。比如，消费需求的变化就常会导致新的市场机遇。如果能在一种新的消费需求出现的早期就发现并搭建其他各要素来满足消费需求，就可以创建新的商业模式。

在十多年前，中国三、四线城市居民可支配收入增加形成了一个对品牌运动服（鞋）的巨大消费市场。然而，由于其收入能力有限，无法购买价格相对较贵的国际品牌，这就为国内品牌运动鞋制造商提供了绝佳的市场机遇。

这时，部分本土制造商就基于这样的客户机遇，放弃海外市场，转攻国内市场。他们一方面通过在央视大做广告，在三、四线城市市场建立品牌形象来拉动市场；另一方面通过代理商制度快速建设分销渠道，结果多家制造商在过去十年中获得了每年40%以上的增长并且赢利能力颇为可观。而大批主攻出口市场的企业则在遭遇经济危机后遇到了需求下滑，陷入了难以为继的困境。

2. 对产品和服务的价值改变

产品和服务要素需要考虑其价值和价格。商业环境变化可能让既有产品和服务价值发生变化，从而对旧的商业模式形成冲击，推动新的商业模式出现。

比如，传统平面媒体的基本商业模式是通过创造媒体内容吸引读者，同时，利用对特定读者群的聚集，向需要投放广告的企业收取广告收入。从本质上看，在许多传统的平面媒体商业模式中，特定读者群的聚集其实是媒体企业卖给广告投放者的产品（服务），其价值往往大过发行收入，导致广告收入远远超过了媒体本身的发行收入。

换言之，传统媒体的主要客户是广告投放者，其提供的服务则是广告投放企业所关注的特定读者群。可是，随着终端阅读机的出现和完善，必然会对传统平面媒体的商业模式进行颠覆。

第七章

模式再造：寻找新机会

在变幻莫测的商业环境中，企业必须随时调整自己的商业模式。管理者可以把商业模式想象成一套积木，在搭积木的游戏中尝试用新的积木来扩大策略范围，用不同的搭配方式创造出新的赢利组合。

如何衡量商业模式的好坏

在吸引消费者之前，确定自己的商业模式是进行商业运作的基础。但是，随着竞争越来越激烈，现在已经很难通过单一的商业模式来获取竞争优势了。确定一种商业模式只会让企业具备参与竞争的权利。

那么，如何围绕企业的业务来打造一种卓越的商业模式，让它为企业的业务保驾护航呢？什么样的商业模式是好的呢？好的商业模式应该在下面这些方面为企业助力（见图7－1）。

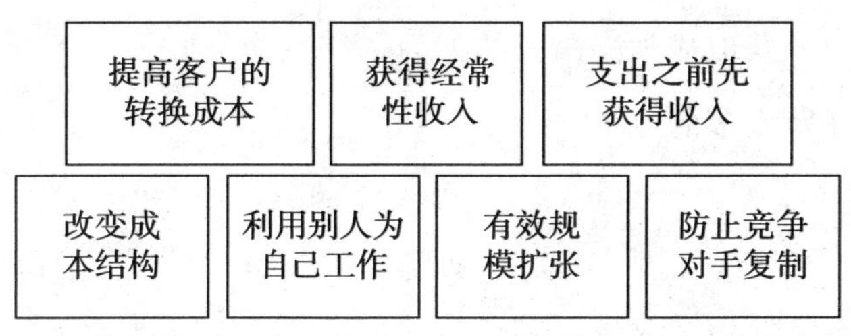

图7－1　好的商业模式为企业助力的方面

1. 提高客户的转换成本

想想看，自己的消费者如果改用别家产品，会不会很困难或者耗费繁多？在提高转换成本方面，雀巢做出了一个好示范。

雀巢公司向公司和家庭都出售咖啡机与咖啡豆，一旦消费者买回了咖啡机，就意味着还会继续消费咖啡豆。事实上，直到2011年一些相关专利到期，在那之前消费者的雀巢咖啡机只能适用同品牌的咖啡豆。消费者因为咖啡机而被锁定在了雀巢咖啡豆上，他们很难改用其他竞争品牌的咖啡豆，除非换一台咖啡机。

2. 获得经常性收入

在销售代表费力签下一个新单后，客户在产品或服务到期之后还会自动续费吗？他们能为你带来持续的收入吗？很多企业也许并没有意识到自己的很多购买行为都会导致后续的销售。可是，在亚马逊向消费者出售Kindle（金读）的时候就已经知道消费者会回来继续购买电子书，为内容而付费。在软件行业，商业模式也正从一次性销售软件转变到按月或者按年收取使用费。

依靠经常性收入商业模式，企业的初次销售通常可以带来很大的回报率或者是客户的获取成本高昂。如果为了获取交易收入，不断地寻找新的客户，就会耗费太多的成本。

3. 支出之前先获得收入

企业能够在花钱之前就先赚钱吗？在企业付出生产成本为客户创造价值之前，能否先行获取收入？

20世纪90年代，戴尔在计算机制造与销售行业中开创了这种革命性的新型商业模式。按照传统模式，计算机制造商会先生产出电脑（投入生产成本），然后通过零售商将其销售出去。这些电脑会在货架上静静等待被买走，如果等待时间太长，过时了就开始贬值。在这种传统的商业模式之中，计算机制造商在获得收入之前要进行漫长的等待。

戴尔彻底颠覆了这个模式，将电脑直接卖给消费者；并且，在拿到订单的基础上才会开始组装电脑。戴尔采用了准时生产模式，尽可能地让销售环节和交付产品环节之间的错位最小化。不同于之前的传统模式，戴尔在获得收入之前并不需要花费过多，同时也减少了库存贬值的风险。

4. 改变成本结构

面对成本结构，企业能否进行革命性的改造而不仅仅是极力削减？企业是否意识到了竞争对手可能会通过最为基础的成本结构变换给你致命打击？耐克通过在跑鞋中运用 Fly knit（飞织）技术一举改变了自己的成本结构。

在使用 Fly knit 技术之前，耐克的跑鞋都是由血汗工厂里的工人生产出的，是由 30～40 片构件拼接而成的。这一廉价劳动力密集模式不仅成本高昂，还饱受人权组织诟病。之后，耐克发明出了被称作“微精细工程”的制造技术，由软件操作在一台针织机针对一块面料织出鞋面整体部分。

这一新技术，不仅将劳动力成本降至最低，还降低了从廉价劳动力区域运输至销售市场的运输成本。如今，耐克可以在任何靠近销售市场的地方生产鞋子。

5. 利用别人为自己工作

你的商业模式能够让消费者或者第三方自愿且免费地为你创造价值吗？

20 世纪 50—60 年代，特百惠（一家厨房用品公司）就将他们的目标客户即那些满怀热情的家庭主妇投入到了自己最有力的直销渠道中。他们利用老客户群体进行口碑传播，并且让这些热情的主妇们在著名的“特百惠派对”上向其他主妇推销公司的塑料餐具。这一策略的使用让特百惠公司收入大涨，也免去了为雇用销售人员和进行市场营销而花钱。

另一个著名的例子是 Facebook（一个社交服务网站）。

该公司的商业模式完全倚靠于用户创造的内容。Facebook 上的数十亿用户通过发布信息、图片以及其他内容一直在为公司免费工作。如果没有这些热衷于创造内容的用户，该网站根本就不值钱。

6. 有效规模扩张

企业的商业模式能够让公司业务快速简单地扩大规模、避开障碍吗？如果拥有一个相对稳定的商业模式满足客户日益增长的需求，那么就获得了显著的竞争优势。

Uber（优步）将许多私家车主转化为出租车司机。在 Uber 的商业模式之中，无论加入平台的消费者是 5000 人，还是 50000 人，公司都不需要重新配置设施。而且，Uber 的商业理念还吸引了更多的开车人加入其中，因为在这个平台上消费者与司机都有多种选择。

7. 防止竞争对手复制

你的商业模式能够在多大程度上让你免于残酷的竞争？

虽然苹果是智能手机行业的领导型企业，但是很多人也会说，在苹果手机之外还有其他更好的手机。可是，苹果的商业模式却为它筑起了一道护城河，想要颠覆它的市场地位是异常困难的。比如，苹果公司的 App Store（应用程序商店），它将难以计数的手机程序开发者和数百万 iOS（一种操作系统）用户连接起来，用户随便搜索就可以出现成百上千的应用程序。这种行业生态一旦建立起来，是很难被复制的。

当然，商业模式的优劣并不是一成不变的，可是由于技术的革新、跨行业的整合，原先优势明显的商业模式反而变得落后，企业决策者必须定期审视商业模式的优劣性。

模式重构的途径

即使商业模式设计得再好，也不可能永恒。商业模式必须根据客户需求的变化，以及市场竞争形势的演变做出调整和改变，对其做出重构。那么，如何重构商业模式呢？概括起来，主要有以下几种途径（见图 7－2）。

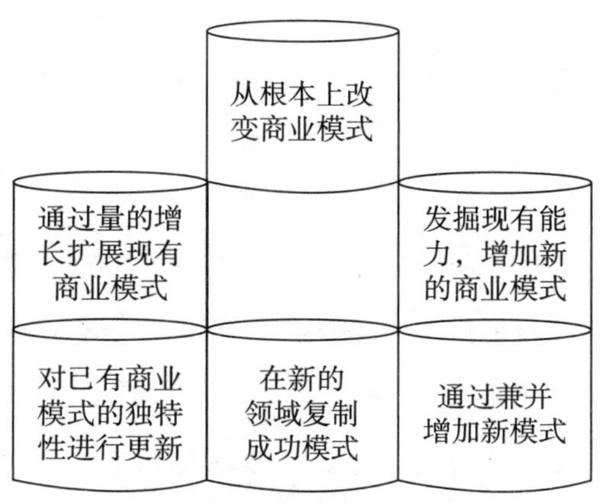

图 7－2　商业模式重构的途径

1. 通过量的增长扩展现有商业模式

W. W. Grainger（固安捷）公司是美国一家专门经营 B2B（企业对企业电子商务模式）业务的公司，向全球 100 多万家工商企业、承包商和机构客户供货，其产品从设备、零部件到办公用具和日常劳保用品，一应俱全。

为了让客户订货更加容易，一直以来，该公司都在尝试不同的办法。这些方法主要包括设在各地的分支机构、电话、传真、印刷目录等。现在，随着移动互联网的出现，更强化了其以方便顾客为价值诉求的商业模式。

W. W. Grainger 公司在原有商业模式的基础上采取行动，比如，将业务引向了新的地域、增加客户数量、调整价格、增加产品线和服务种类等。通过量的改变，在原有商业模式基础上增加回报。

2. 对已有商业模式的独特性进行更新

对已有的商业模式的独特性进行优化，企业向客户提供价值，用来抵抗价格战带来的竞争压力。

美国 Teradyne（泰瑞达）公司是全球领先的半导体测试设备供应商，通过创新产品赢得了众多客户，但赢利却来自源源不断的产品升级和周到细致的服务。

它向客户提供的价值从尖端产品转移到了值得信赖的服务上，为了给自己的商业模式注入活力，Teradyne 公司会定期地向市场推出突破性产品，提高企业竞争门槛。

3. 在新的领域复制成功模式

在一些情况下，企业用现成手法向新市场推出新产品，等于在新条件下复制自己的商业模式。美国的 Aurora Foods（极光食品）和 Gap（盖璞）就是这样的企业。

从某种意义上说，Aurora Foods 是一个打造食品行业品牌的平台。该公司旗下有 9 个品牌，但没有一个打 Aurora 牌子的。公司管理层经常会购买市场表现不尽如人意的品牌，然后利用公司强有力的品牌营销能力和降低成本的运营能力，给这些品牌注入新的生命力。

Gap 也是用品牌营销优势和商品管理知识，复制全新的"酷品牌"零售模式。

4. 通过兼并增加新模式

很多公司是通过购买或出售业务来重新为自己的商业模式定位的，比如，Seagram（施格兰）公司。

施格兰是一家生产葡萄酒和烈酒的公司，通过兼并变成了提供娱乐服务的公司。公司想利用自己的移动电话、付费电视和门户网站业务向消费者提供前者的内容服务，于是收购了 Vivendi Universal（威望迪环球）。

到了 2001 年 12 月，情况发生了变化。Vivendi Universal 将 Seagram 的葡萄酒和烈酒业务分别卖给了另外两家公司。经过几番兼并收购，Seagram 公司当初的商业模式已不复存在。

5. 发掘现有能力，建立新的商业模式

为了实现增长，有些公司会围绕自身独特的技能、优势和能力建立新的商业模式。

加拿大的Bombardier（庞巴迪）公司是靠制造雪地车起家的，主要是通过分期付款方式向客户销售雪地车，涉足财务服务；之后，还开展了雪地车租赁业务。有了制造雪地车的经验，它便开始向大规模制造业发展，包括飞机制造等。之后，利用其租赁和航空业的经验，面向企业和富裕个人出售部分飞机所有权。

就像是摸着石头过河，Bombardier利用它在一个商业模式中发展起来的能力、知识和关系，创造出一系列成功的商业模式。

6. 从根本上改变商业模式

这种情况在IT业比较多见。比如，大型跨国公司IBM（国际商业机器公司）、HP（惠普）；国内公司如联想、神州数码等也不例外。从卖PC、造PC，到系统集成、电子商务，它们不断改变着商业模式，对整个企业进行改造——从组织、文化、价值和能力等方面，用新的方式创造价值。结果，一些公司的产品逐渐失去了往日的锋芒，变成了附加值不高的大宗商品。

模式重构：企业转型的工具

一个时代，需要一个时代的商业思想。凡是成功的企业，都有一个优秀的商业模式。移动互联时代，重构商业模式已经成为企业持续发展、保

持竞争优势、实现企业价值最大化的不二选择。

所谓企业转型，是指企业长期经营方向、运营模式及其相应的组织方式、资源配置方式的整体性转变，是企业重塑竞争优势、提升社会价值、达到新的企业形态的过程。

企业的转型通常都是围绕商业模式的创新和运营模式再造展开的，PC行业的联想公司和戴尔公司，都曾经历过转型失败的痛苦，而这两家公司的转型历程恰恰诠释了商业模式创新和运营模式再造的两个极端情境。

要想在新互联网时代下进行商业模式转型，取得先机，在把握市场发展趋势的同时，企业也要练好内功。

1. 提升平台价值，促进生态圈建设

移动互联时代是一个平台崛起的时代，网站作为提供产品和服务的媒介，其最大的价值在于其平台功能。只有搭建不同类型而又相关的服务平台，才能进行产品和服务的叠加，有效地整合线上和线下资源，完善生态圈，满足用户多重要求，增强用户体验感……而这一切才是未来企业保证用户黏性和持续扩张的关键。

阿里巴巴的商业模式就是典型的平台式发展。

> 阿里巴巴从最初的B2B到淘宝网（C2C），再到支付宝（线上支付平台）、天猫（B2C）、“阿里金融”，每个平台的搭建都互为补充、互相依托。在阿里巴巴的发展过程中，这些平台还起到了孵化器作用；在进行业务协同的同时，还不断催生出了更多的新业务平台，形成了生态圈，扩张能力显著提高。

2. 整合数据资源，精准市场行为

提供更加人性化、个性化的产品和服务是移动互联网时代企业战略发展的核心要求。随着产品交互能力和用户参与程度的提升，个人信息透明度也不断提高，对相关信息进行深度挖掘和提炼，必然可以开发出与客户实际需要最贴切的产品和服务，减少企业试错成本。

现在，无论是国际还是国内的企业，都在力图构建和完善自身的大数据中心，“大数据”时代已经全面到来。

3. 抢占移动互联市场，开启新的利益增长点

如今，全球移动互联网用户已经达到15亿，全球移动互联网流量已经占到互联网流量的13%。显然，移动互联已经成为互联网行业发展的重要力量，成为引爆互联网经济新的增长点。

移动互联网在未来其流量和使用量将会大大超越PC互联网。互联网企业抢占移动互联市场，将赢得更大的发展机会。但是，移动互联对产品和服务提出了更高的要求，比如及时性、个性化。同时，对企业产品和服务质量的要求也进一步提高。比如，很多App产品，可能在一夜之间爆红，也可能在5~10秒内由于客户觉得难以操作而被抛弃。移动互联网市场竞争更加激烈。如果企业墨守成规、动作缓慢、产品体验差，必然会在竞争中逐渐被边缘化。

移动互联网时代，不仅为企业提供了更多的机会，同时也提出了新的挑战。新形势下，企业只有进行有效的商业模式转型，不断完善自身内部生态圈、把握行业发展趋势、提供更加贴切用户需求的产品和服务，创造最大的用户黏性和价值，才能在未来的发展中取得胜利。

透视企业生态大系统

生态理论主要研究的是生物之间和生物与其生存环境之间的关系，目的是对生态环境保护和改造，达到可持续发展。

作为生态系统中的生命有机体，企业与生物个体存在着诸多的相同点，比如，具有生存与发展的欲望，具有发育、成长、衰老和死亡的生命周期过程，必须不停地与外界环境进行物质、能量、信息的交换，并遵从优胜劣汰的规律。

1. 以企业生态系统为中心，保持企业生态系统平衡

在激烈的市场竞争中，企业要在企业生态环境中得到持续的发展，仅配置好企业内部资源和抓好内部的经营管理是远远不够的，更重要的是要以整个企业生态系统为中心，适应企业生态环境的变化。

（1）协调好与企业生态中其他伙伴的关系。生态理论指出，在一个生态系统中，第一批开始稳定下来的往往是那些其他生物最需要的物种。各种生物之间是一种“互助合作”的关系，缺少任何一种生物都会给生态造成毁灭性的打击，使生物生态失衡。

物种的存在是以元素间的良性互动和整个系统的优化为前提的，只有将自身贡献于环境，与各方关系达到共赢，才能永续生存。

由此可以发现，其他生物最需要的物种能更容易地生存和发展。企业应朝着这一方向努力，争取使自己在社会生产链中占重要的地位。这样，企业出现危机的时候，其他企业也会有相应损失，这样他们就会帮助你。如果企业能做到这一步，其发展必然会受到其他企业和部门的支持，企业的生存和发展也就有了不错的保障。企业要做到这一步可以采取以下方

法，见下表。

企业在生产链中占重要地位的方法

方法	说明
同行之间	为了实现自身的各种战略目标，应与现实的和潜在的竞争者签订协议，建立企业联盟，优势互补，共同分担新产品和新工艺的研发成本，共同做大市场，避免恶性竞争
企业与经销商、代理商之间	应加强沟通融合，形成厂商一体化同盟或厂商大家庭互利合作群体，追求与经销商之间的利益均衡，稳定经销代理渠道，提高经销代理商的忠诚度。不能为追求一时的市场占有率或销售总额，使渠道存在现实的或潜在的危机
提高顾客的满意度	应为消费者提供最合适的产品、最贴心的服务，加强顾客品牌忠诚度，使企业在公众中树立良好的形象，确立稳定的社会基础。企业之间应加强合作，努力营造互利共生的氛围，避免“寄生”和恶性竞争，努力使相关利益体满意程度最大化，形成良性互动

（2）处理好企业与自然环境之间的关系。在企业的经营活动中，资源取自环境，同时还会向环境中排放垃圾、污染物。企业开发利用自然资源的速度如果超过自然资源本身可再生能力，即使一时得到了发展，也会破坏生态平衡。

为了进一步的发展，企业就要坚持循环经济的“减量化、再利用、资源化”原则，尽可能地减少资源消耗和废弃物的排放，最大限度地提高资源的利用率；尽可能地延长产品的使用周期，防止产品过早地成为垃圾；最大限度地将废弃物转化为资源，变废为宝，化害为利。同时，还要确立和落实科学的发展观，使企业的生产经营系统与自然生态系统和谐统一，以最小的环境代价，换取企业永续生存与发展的条件。

（3）协调好企业与社会生态系统之间的关系。社会生态环境是指不直接作用于企业的经营运作，对企业市场机会和环境造成影响的社会因素，包括人口、科技、政治法律和社会风俗等。

企业要密切关注所在地区的人口规模、人口数量、人口分布结构和变动趋势等；关注科技的最新发展动态，比如，是否产生新的市场机会、产生新的行业，是否会对企业造成威胁；关注所在地区的政治法律，因为国家的社会制度和政策法规左右着经济制度、产业结构、市场结构、行业与企业属性及行为、投资环境和进出口贸易；关注所在地区的人群和劳动力价值观、道德水平、宗教信仰、受教育程度和收入水平等；关注所在地区的社会文化生活，因为社会文化生活影响着人们的生活方式和行为模式。

2. 生态理论对现代企业经营的启示

要想贯彻企业生态理论管理理念，就要追求企业内、外部生态系统的和谐平衡，以实现企业、社会协调发展的“双赢”目的。企业存在的目的是成长而非利润最大化，要将企业视为生命有机体而非机械组织；企业得以存活的前提是为客户创造价值而非生产产品，企业应与其他企业共同发展而非你死我活的竞争。

（1）改变企业经营思想。贯彻企业生态化管理的理念、树立满足顾客需求、实现相关群体利益、适应经济环境要求等观念，不仅有助于企业形成核心的竞争能力和保持快速的发展，也符合全球经济可持续发展的要求。

（2）设计绿色营销体系。根据产品特性、市场成熟度、企业资源状况及环境等因素进行绿色营销体系的设计，在充分的市场调查基础上，进行市场定位和产品开发。

（3）建立与体系设计相适应的管理体系。企业管理要由“命令—控制”结构变为互相合作的关系，企业要以维护员工的尊严和实现员工自身的价值为最高目标。一方面，要尊重员工的意愿，充分调动员工的积极性和创造性，塑造员工的价值观；另一方面，要让员工积极参与企业的管理和决策。

（4）制定各方利益均衡政策。建立合理的采购、销售、公关政策，使体系内外都获得相应利益，激活整个体系。

（5）企业经营与企业文化共同发展。企业文化观念包括企业最高目标、企业精神、企业道德、企业风气、企业宗旨等，要努力形成企业所特有的组织文化，这是企业保持长盛不衰的内在动力。要将企业的内、外部资源进行最佳组合，最终实现员工个人与企业、社会的协调发展。

（6）注重绿色经营。企业应通过建立绿色商品基地、营造绿色购物环境等措施，在企业内部实行绿色营销、绿色管理、绿色服务，倡导绿色消费，适应人们崇尚健康、保护生态、追求生活高品质的需求。

（7）社会责任、环境责任和经济效益。企业不能只注重经济效益，应该有社会责任感。企业进行商业活动时，应从道德、道义、诚信角度，正确认识企业自身对社会、对社区、对环境的责任，维护社会道德、社会声誉，保护生态环境。如此，才有利于企业的可持续发展，有利于企业良好形象的树立。

发展战略再定位

1. 发展战略再定位

如何来进行发展战略的再定位呢？我们先来看看海底捞是如何做到的。

海底捞虽然是一家火锅店，但是它的核心业务却不是餐饮，而是服务。在将员工的主观能动性发挥到极致的情况下，“海底捞特色”日益突出。

（1）家的文化。很多企业也会天天教导、培训员工要以公司为大家，以部门为小家，可是很多时候，只不过是一个挂在嘴边的口号而已。有多少企业真正能够做到让员工把企业当作家呢？家是什么？家就是在你遇到挫折与困难的时候给你温暖、关爱与支持，让你有一个安全的依靠。当员工把企业当作自己家的时候，他们就会像主人一样，会有做事的相关权力；他们一定会想尽各种办法来建设这个家，让这个家变得更加强大。

（2）授权机制。“海底捞”的一名普通员工拥有是否能够给客人进行免单或加菜等各项决定权。店长、领班、员工的财务决定权非常明确。这就是其管理方式的精明之处。

有了职位没有权力，就是一种摆设；有了权力，没有职位，就是滥用职权；有了责任、有了权力，不给他们好处，也就失去了工作的动力。

（3）激励机制与愿景规划。“海底捞”的大部分员工都是通过内部员工介绍的。如果企业不好，他们会介绍家人、朋友、同学来吗？

海底捞以人为本，注重人才的培养，如果没有培养出合格的店长，他们就一定不开下一个店。企业发展至今，市场的竞争，归根结底还是人才的竞争。这一点“海底捞”做的真的很成功。

（4）尊重人性，懂得约束。在追求人性的同时，“海底捞”懂得用制度这个底线去约束员工的行为，告诉他们什么能做，什么不能做。假设人性全是善的，那就用善的制度去管理与约束，得到的就是善的结果，因为这是一个良性循环的过程。即使有少部分人是坏的，也只有两种可能：一是被好的感染；二是自觉离开。

（5）人力资源管理的背后就是企业家的管理战略。“海底捞”的员工流失率很低，在餐饮行业算得上是比较少的。是什么让员工愿意在公司里踏踏实实、任劳任怨地工作？从人力资源管理的角度来分析，无非就是“选、留、激、用”这四个方面。

2. 影响企业发展战略再定位的因素

在市场经济中，企业自身要有明确的发展方向，如此才不会在发展的过程中迷失自身。一般来说，影响企业发展战略再定位的因素如下（见图7-3）。

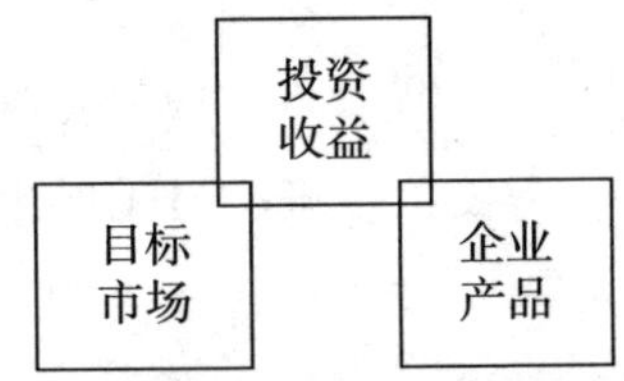

图7-3 影响企业发展战略再定位的因素

（1）投资收益。市场、产品定位确定后，就能推算出自己的投入和收益，进行投资收益定位，确定回收投资需要多长时间了。

投资收益定位既包括短期的，又包括长期投资收益，更要着眼于长期投资收益，这是企业今后发展壮大的基础。可以在几个市场、产品定位方案中选择，选择的依据就是投资收益定位，因此，投资收益定位是企业决策的关键点。

（2）目标市场。在市场经济中，企业是市场生产的经济实体，只有生产出适合市场需求的产品，才能生存下去。因此，组建企业的时候，首先要进行目标市场定位，确定自己将要满足市场哪一方面、哪一部分消费者的需求，也就是目标市场的客户定位。

对目标市场的大小做好了定位之后，才能确定企业的规模。选择目标市场时，要考虑目标市场的顾客具有足够的潜在购买力，还要考虑目标市场的竞争状况。

（3）企业产品。目标市场确定后，就要进行产品定位；目标市场确定了，企业的产品定位的大方向就基本确定了。接下来就是生产和不断开发适合该市场定位、产品定位的产品，根据目标市场的大小，确定自己的产品产量、产品品种和质量档次。

产品定位是对市场定位的具体化和落实，以市场定位为基础，受市场定位指导，但比市场定位更深入和细致。产品定位，一个是定生产什么产品，一个是定什么品牌，在多种产品中还要确定主导产品，只有将这几方面都科学、合理地确定了，产品定位才算到位了。

3. 企业发展战略规划的一般步骤

企业要长远发展，需要制定出科学的发展战略规划。那么，如何来规划企业发展战略呢？企业发展战略规划的步骤如下。

（1）制定企业的初级目标。提出企业的初步目标、决策和任务。考虑在今后一段时期内应该完成什么样的任务，达到怎样的目标。

（2）对企业资源进行分析。对资源的有利方面和不利方面作一个客观估价，分析时既要重视生产和财务方面的资源，也要重视人力资源，尤其是人的能力和技术。

（3）对企业的潜力客观估价。主要是两个方面：一是分析企业的技术能力；二是分析企业的竞争者的情况。把本企业的产品与竞争者的产品作比较，分析其本身的长处和短处。

（4）市场调研必不可少。调研国内外市场，包括对顾客的调研和市场的调研。

（5）评价和选择进入市场的报告。进入市场要重视研究企业的顾客、供应者、批发者、零售者在销售渠道中的分布情况以及怎样得到他们的帮助和合作。

（6）制定企业发展的战略规划。其内容有形势分析、要达到的具体目标、活动日程安排、财政预算等。

业务系统增值增效

为了提高客户的黏性与重复性消费，很多企业都会对客户进行免费的增值型服务。比如，服装可以做免费烫洗；化妆品可以做免费美容培训；咖啡厅可以做免费的英语培训等。

> 一个人乘坐北方航空的飞机出差。飞机降落后，他提着一捆资料走到机舱门口。空中小姐在向他微笑道别的同时递给他两块小方布："先生，请用小方布裹着绳子，不要勒伤了您的手。"这位先生备受感动，从此每次出差或带家人出门总是首选北航。

在产品和服务高度同质化的今天，如何让自己的产品和服务独树一帜？正如诺基亚所提出的"科技以人为本"，我们依然要回归到人的情感的需求和满足。

感性市场的主要特点是变化快、产品寿命周期短且易于模仿，因此企业必须树立创新意识，不仅要开拓新市场，还要注意考虑社会文化、消费心理的变迁，采取市场细分、产品定位等策略，并针对不同层次的消费者配以不同的营销组合策略。

麦当劳卖的仅是汉堡包吗？不是，它卖的是快捷时尚的饮食文化。柯达卖的仅是胶卷吗？不是，它卖的是让人们留住永恒的纪念。中秋节吃月饼是因为月饼的味道好吗？不是，我们吃的是中国民族传统文化——团圆喜庆。

文化附加值包括三个层面，即产品和服务层面、品牌文化层面和企业文化层面。要想利用好文化附加值进行营销，首先要处理好内容与形式的关系。内容决定形式，形式是内容的体现，二者辩证统一。

对于功能、质量相同或接近的产品，其有形价值是相近的；一旦贴上品牌标签，产品价格就完全不同了。品牌附加值是一种无形价值，一般来说，由品牌附加值带来的无形价值主要有以下几个方面（见图7－4）。

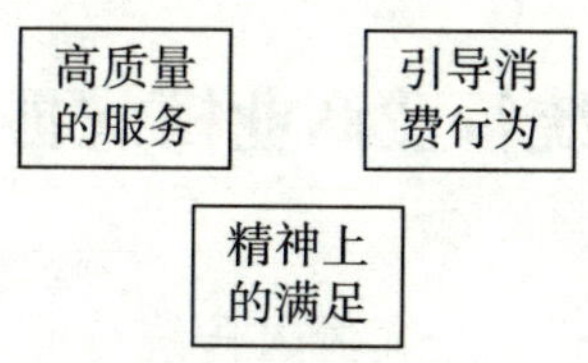

图7－4　品牌附加值带来的无形价值

1. 精神上的满足

购买各类名牌产品，消费者会得到巨大的精神享受：或是凸显自己的财富和地位，或是体现个性化和时尚化，或是认为可以得到他人的尊重和仰慕等。人们之所以要购买Zippo（之宝）打火机、光顾高档餐馆、购买名牌服装，正是看中了这些品牌带来的象征意义——能表明自己的身份和品位。

2. 高质量的服务

只要经济上能承受，消费者一般都愿意购买品牌产品，其中一个重要原因就是看重该品牌的质量和提供的服务。比如，在购买空调时，消费者大都青睐海尔空调，因为海尔不仅意味着高质量、长使用年限和高技术含量，还意味着更好的售后服务。

3. 引导消费行为

由于信息不对称和自身能力或精力的限制，消费者不可能对各类产品的价格、性能等进行全方位的判断。消费者之所以要购买品牌产品，往往是觉得这些产品能降低购买行为的风险。一旦消费者通过某种品牌极大满足了自身需求，就会信任这个品牌，建立起品牌忠诚度。

传统行业商业模式再造

如今，移动互联网已开始全面渗入传统行业，并引发了传统行业的深刻变革，“价值重塑”将成为传统行业的必由之路。要么被颠覆，要么变革重生！传统行业如何来再造自己的商业模式呢？现在，我们就针对不同行业，做一下简要的介绍。

1. 音乐业的商业模式再造——好的原创音乐为核心＋生态体系延伸

音乐领域最实在的商业模式，就是形成一批好的原创词曲作者、歌手、乐手、制作人、录音棚、唱片公司、发行公司。然后，延伸出去，建立内容生产者和利益相关者的联盟，保护自己的权益。

唱片公司和音乐网站与硬件商深度合作，可以提高音质和耳机质量；提供便捷的支付手段，用户付费就会心甘情愿。

2. 教育业的商业模式再造——平台化＋免费服务圈＋增值服务收费

在互联网的冲击下，越来越多教育培训机构改变了单一的学校模式。教育培训变得越来越平台化、生态圈化，从内容上类似教育、科技电视台，从沟通方式上类似垂直用户社区，从赢利模式上类似于后向收费的媒体。

移动互联时代，英语、职业教育、课外辅导等教育培训品类将被首先突破，大量受众从线下教育向线上迁移。

3. 服装业的商业模式再造——商品智能化 + 店面智能化 + 用户社群化 + 大数据挖掘

服装业是用户进入移动互联网的入口与载体，也是用户行为数据被记录的感应器，例如，运动服不仅仅是衣服，而是获得用户生活、运动、健康基础数据的载体和门户，在此基础上可以深入到用户的健康管理之中。同时，用户在零售店面的体验也发生了极大变化。

首先，店面将转变成为用户表达个性需求的触点，也是记录用户试衣及咨询的数据记录触点，用户将获得前所未有的良好体验。借助线上和线下两种手段以及有效的运营，服装产品的用户将逐步开始粉丝化、社群化。

其次，最大的改变将发生在服装从一次性售卖商品逐渐变为可长期运营的生活服务，并以大数据为依托，为用户提供更完整的生活服务与健康服务。

4. 家电业的商业模式再造——低价化硬件 + 可运营生态链 + 大数据服务

家电商品的特点是，与消费者衣食住行结合紧密，与消费者日常的消费行为密切相关。在这些商品逐步智能化之后，可以通过对消费者行为监测，建立起对消费者的完整、深刻理解，挖掘消费者生活中的其他商机。

例如，智能化的电冰箱是否可以实现对用户食品的自动采购？可穿戴设备是否可以提供对用户服装的及时建议？健康监测设备是否可以实现对用户生活、锻炼、用药等行为的及时影响？从长期来看，这些“大数据型商品”的价值将会越来越多地体现在大数据服务上，而并不在于商品本身。

这类企业会将商业模式的重点放在对用户数据的长期积累方面，并会不遗余力地推进商品设备的布放，如此必然会推动家电商品的低价化以及长期的运营服务形成。

5. 快餐等服务业的商业模式再造——高品质化＋客户聚焦＋O2O

在我国，无论是哪个行业，只要有企业愿意多付出10%把产品或服务做得更好，一定有消费者愿意埋单，这是中国市场的分层结构决定的。以快餐为代表的服务业会有更多增值挖潜的空间，以写字楼快餐销售为例。如今，已经出现了越来越多的高品质送餐服务，这种高品质一方面表现在食材、汤料、包装、口味等产品本身，也表现在通过线上互动的服务模式上。除了快餐之外，家用物品、家用服务也将出现类似的趋势。

6. 招聘等人力资源服务行业的商业模式再造——基于大数据的智能中介服务

利用大数据技术进行招聘的过程，相较于当前的企业招聘模式，无疑是革命性的进步。移动互联的创新可以推动充分市场化、专业化的职场环境，可以让人力资源价值充分释放。

对于人才、用人企业、人才中介机构等来说，只要对人力资源管理过程中每一步产生的数据，进行定量化积累、跨领域分享和模型化挖掘，就会形成一个运作有序的人才价值交换市场。

例如，职业人在各企业的综合表现、薪资福利、职业历程、职业信用信息，在职业社交平台上的发布信息、互动信息、人脉信息，在职业测评中的测评信息，在职业转换中的相关信息等，这些都需要进行量化积累，同时需要借助某种共享平台实现信息分享。

移动互联网对于人力资源管理的改变将是巨大的，无论是企业重点中的 HR 人员、职业生涯规划咨询师、猎头机构或培训机构，都需要具备形成以职场人为中心，以数据运用和挖掘为手段的数字化职业生涯管理技术，并以此为基础构筑自己的核心竞争力。

第八章

生态圈：圈子决定效益

在整个企业生态圈中，最重要的是什么？最重要的是核心企业的实力。核心企业本身的实力决定了它的生态圈的大小，只要是符合生态圈整体的利益诉求，围绕核心企业众多的小微企业是可以加入生态圈的。做生态圈的好处就是能够将所有的用户圈在其中，提高黏性，再想一个变现的手段就会比较容易。

企业要构建核心生态圈

移动互联网催生了生态型企业，生态型企业又将得益于对移动互联网的深入利用，企业因为互联而互动，因为互动而收益。描述企业的存续状态时，使用“生态圈”这一概念可以赋予它活的灵魂，还原它“混沌”的本性。

> 2003年8月，蒙牛在中国乳业年会上首次提出“企业生态圈”理论，描述了企业的存续状态：“价值链”稍显单薄，“价值星系”略显机械，借用“生态圈”的概念可以赋予它活的灵魂，还原它“混沌”本性。

未来的竞争，就是一个生态圈与另一个生态圈的竞争。圈子决定效益，企业要构建核心生态圈。那么，如何来构建核心生态圈呢？“企业生态圈”可以划分为4个层次（见图8－1）。

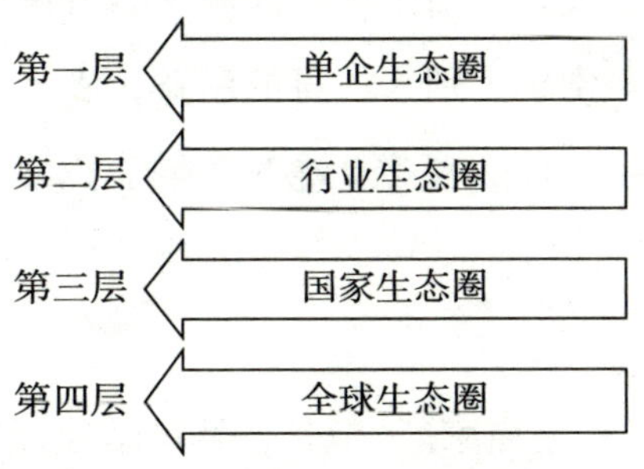

图8－1　企业生态圈的4个层次

1. 单企生态圈

“单企生态圈”指的是企业与自身业务流程上的成员构成的自循环体系。

在蒙牛的创业纲领中提出过六大成员：股东投资求回报，银行注入图利息，员工参与为收入，合作伙伴需赚钱，顾客购买要实惠，父老乡亲盼税收。这里的“合作伙伴”范围很广，包括原料供应商、产品销售商、大众传媒、广告客户、公关公司、咨询公司等；这里的“父老乡亲盼税收”，实际上包含了政府这一特殊成员。

要想打造“单企生态圈”，企业就要通过与所有成员的共生、共赢，把“异心圆”变为“同心圆”，结成牢固的命运共同体。比如，乳制品企业。

乳制品企业所经营的不是一个点，也不是一条线，而是一个很大、很长、很累人、很激动人心的圈子——从最前端的种草养牛，到中间的乳品制造，到后端的市场营销，“资源圈、资本圈、制造圈、市场圈、品牌圈”五环相扣，处处要讲生态平衡；一旦某个方面不平衡了，这个圈子就会发生梗阻，即使其他方面的技术指标再好，这个圈子也没法再循环下去了。

利益均衡是“单企生态圈”里最重要的游戏规则。当企业利润率降低的时候，会让人感到不安；但当企业利润率突然升高的时候，同样会让人感到不安——如果你经常拿走别人该得的利益，别人就会离你而去，他一走，你的生态圈就塌了，你的利益也就不复存在了。

2. 行业生态圈

人们经常说：“同行是冤家。”但是，经济学原理告诉我们，孤立的就是孤寂的，集群的才是沸腾的，也就是所谓的“众人拾柴火焰高”。

企业的发展需要人才的集群、产业的集群，因为只有有了集群，四通八达的销售网才能任你穿行。单个企业只是一根“独木”，众多企业合在一起形成森林，才能最终改变气候。在全球市场的大舞台上，单兵作战怎能比得上一个集团军作战的威力？“硅谷”、中国乳都、商业街、皮毛市场……一个个产业集群的崛起从实践上就对“同行是冤家”作出了否定性回答。

你把同行当敌人，他就是敌人；你把同行当同盟，他就成了同盟。如果把整个行业比作一口“锅”，那么单个企业就相当于一只“碗”，锅里挺一挺，碗里全都有。如何理解“锅里挺一挺”呢？一方面体现在朝阳产业的成长性上；另一方面则体现在行业与行业的竞争关系上，此消彼长。

20世纪80年代，面对百事可乐对市场份额的鲸吞蚕食，可口可乐的决策层反思过一件事。他们问自己：美国人平均一天喝多少饮料？答案是14盎司。可口可乐和百事可乐在其中占多少？答案是2盎司。

于是，他们不再把百事可乐作为竞争对手。而把精力放在了扩大自己在消费者胃里所占的比例上，即与那12盎司的水、茶、咖啡、果汁等液体饮料展开竞争。他们在每一个街头都摆上了贩卖机，销售量节节上升，竞争者再也没有赶上。

有些企业不懂得这个道理，采取不正当手段频繁攻击竞争对手的产品，结果消费者对整体行业的信任度下降，搬起石头既砸了别人的脚也砸了自己的脚。同类企业把“战争圈”变为“和谐圈”，不仅有利于行业生态圈的整体健康，也有利于提高单企生态圈的健康度。

3. 国家生态圈

国家与国家的竞争，战争年代靠军队，和平年代靠商队。当奔驰、宝马跑遍天下的时候，德国崛起了；当索尼、佳能装进普通百姓背包时，日本起飞了；当可口可乐、百事可乐倒进人们胃里时，美国撼动了世界！当我国品牌踏遍全球之时，也就是中华崛起之日。

企业竞争力可以转化为国家品牌力。当提到香水的时候，人们会想到法国；当提到手表的时候，人们会想到瑞士；当提到纺织品的时候，人们会想到中国……如今，无论走在欧洲、美洲，还是走在亚洲、澳洲、非洲，“中国制造”随处可见，“中国品牌”也渐成气候。

企业品牌力的形成，最终将形成国家品牌力；国家品牌力的形成，又将成为新生企业走向世界的有效通行证！

4. 全球生态圈

《凤凰周刊》曾刊发过一篇文章，文中提到：世界首富比尔·盖茨在捐，第二富沃伦·巴菲特也在捐，华人首富李嘉诚还在捐，和谐的中国大陆也终于出现了牛根生这个捐股第一人……

中国品牌怎样向世界领导品牌看齐？除了在生产力各要素上赶超世界先进水平外，还要树立起负责任的社会形象。这是当前成为一个“全球公司”不可或缺的“国际护照”。

在一个国家的经济循环系统中，如果企业不关心国家、民族的大事，老百姓也不会关心企业的事；在一个全球经济大循环的系统中，如果企业不关心全地球的大事、全人类的大事，那么人们也不会关心企业的事，这样的企业定然跑不快、走不远、跳不高。

平台模式：生态圈的战争

2010 年，在日本出现了很多飞翔的“蝴蝶”，这是一款 iPhone（苹果手机）下的应用程序，名叫 iButterfly（虚拟蝴蝶）。它利用 LBS + AR（增强现实）技术将收集优惠券的习惯变成了一场有趣的小游戏，一经推出，iButterfly 就风靡了整个日本。有了它，就可以在日本本土各地区找到千奇百怪的虚拟蝴蝶。

这些蝴蝶有着不同的颜色，用户选择的每一只蝴蝶都代表着一个或多个优惠券。用户可以自己使用这些优惠券到快餐店里消费，也可以与朋友一起分享千姿百态的蝴蝶，如果收集到 100 种以上的还会有奖励。

结果，这个将虚拟世界与现实结合的小游戏在很短的时间里，就成为旅游业和餐饮业以及日本本地化服务商家一个非常直观有效的推广平台。

企业通常都有一个梦想，希望一家通吃，统治一个行业，以自己为核心构建一条完整的产业链。但是，移动互联网上的开放平台正在颠覆这种模式。虽然开放不是一帆风顺的，但这是潮流，生态圈的战争不可避免。

1. 平台化潮流

2007 年 5 月的一个深夜，Facebook 发布了 F8 计划：把自己变成一个开放平台，许多第三方公司的应用和服务可以整合进来，第三方和用户也可以利用它提供的软件工具开发新的服务。

Facebook 与 65 个网站或公司签署了合作协议，包括微软、亚马逊等知名网站，这些企业的应用可以在Facebook的网站平台上运行，其应用和服务都可以整合到Facebook这一平台中，注册用户可以从一系列服务商中选择自己感兴趣的产品，构建出个性化的页面和功能。

其实，不仅仅是Facebook，eBay（易贝）也是最早开放API（应用程序编程接口）的一员。开发者可以在eBay的API平台基础上，量身定制软件系统，大幅度提高卖家的销售和管理效率。

但是，eBay的开放远不如竞争对手亚马逊。2007年，亚马逊开放网站平台，不仅外部商户，就连竞争对手都可以在自己的网站上销售商品。当时，这个政策看起来似乎很荒唐，但3年后的事实证明，这个决策富有前瞻性，是正确的。商家只要把货品发到亚马逊的库房，其他的问题都由亚马逊来解决：包括处理在线订单、包装、物流、退换货等。这一举措很快就将eBay上的许多小商户吸引了过来。

能够开放平台的企业，一方面都拥有庞大的用户群，另一方面则是对相关内容的独占性优势。开放平台过去是互联网公司的专利，但随着移动互联网的迅猛发展，手机等终端体现的已经不仅仅是通信工具，不仅在内容上的影响力越来越强，还彻底打通了互联网和手机用户间的屏障，也诞生了苹果iOS（移动操作系统）、Android（一种自由及开放源代码的操作系统）等基于移动互联网的强大开放平台。

开放是一种潮流，任何人都无法阻止！

2. 生态圈的战争

一个强大的平台，加上数量众多的第三方开发者，就会形成一个强大的生态圈。而它也正在成为当前新的竞争规则，一定要具备平台化思维。

作为最早制定了平台标准的网站，Facebook的平台化思维起到了模范作用，而在 Facebook 上，第三方开发者也有成长为巨头的机会。虽然都叫开放，但 Facebook 有很多值得借鉴的作用：不但提供了各种 API 接口供第三方开发者使用，还对开发者提供了底层的技术，把最有用的相关信息开放给了开发者。

最关键的是，Facebook 建立了一整套游戏规则，让最好的应用浮出水面。比如，Zynga（一个社交游戏公司）的某款游戏可以向用户发出邀请。刚开始的时候，为了防止垃圾信息，每天只能发 20 条、如果用户喜欢这些信息，就可以将发送数量提高到 30 条甚至 60 条；但如果用户不喜欢，发送信息的数量可能会下降到 15 条，甚至更低。

Facebook 的这些工作，吸引来更多优秀的开发者。他们一方面利用平台的用户和资源与平台分账或收道具费、增值费等获利，另一方面又如同营养、激素或肥料，滋润着平台，使其生长得更为健壮。同时，越来越多开发者的加入也使平台的边界无限拓展。

其实，每个开放平台都在不断完善自己的规则，扩大自己的生态圈，同时排斥其他平台和生态圈。通常情况下，平台企业不会对自己的核心技术进行开放，比如，对于人们追捧的 iPhone 来说，对其影响最大的问题是：当与外部的应用连接时，苹果一直坚持其封闭的、控制的平台政策。

3. 传统企业的开放思维

2011 年，星巴克在美国 7 个城市推出了一款名为 Mobile Pour 的移动应用服务，支持消费者通过手机定位、发送自己所需的咖啡订单。星巴克会通过订单信息，派专人将咖啡送到消费者手里。

Mobile Pour 应用能让星巴克店里的咖啡大师踩着滑板车来到消费者身边。消费者只要在智能手机上安装 Mobile Pour 应用，就可以随时下单订购自己所需的星巴克咖啡，星巴克将在每平方英里的范围内安排两名咖啡配送“大师”，以最快的速度为消费者配送咖啡。

这个场景星巴克制成了一个网络视频广告：一位在路上走着的中年男士突然想喝咖啡，他通过星巴克的Mobile Pour应用程序，允许星巴克知道他所处的位置，点好自己想要的咖啡，然后继续赶路。他走啊走，不一会儿，一个星巴克服务员就踩着滑轮车给他送来一杯咖啡。

传统企业要想做出用户接受的应用，一定要有创新思维。耐克也开发了一款这样的应用——Nike Training Club（NTC），它是一个体育训练应用，可以向使用者提供个性化训练方案、训练指导音频和疑问解答。这个综合性的训练应用程序是以世界级的运动选手为灵感、由专业教练群研发，将耐克多年的训练研究和专长集结成一个个人化的体验。用户只要按照详细的指示，按部就班地进行训练，就可能实现目标。

如何建构同赢生态圈

非洲有一种鸟，叫“燕千鸟”。它的体形非常小，但是却和体形庞大的鳄鱼是“亲密的伙伴”。

燕千鸟能给鳄鱼进行口腔卫生工作。原来，鳄鱼一吃东西，牙缝里就会嵌进肉屑残质，慢慢地腐烂生蛆。燕千鸟在鳄鱼的稀稀落落的牙齿中间走来走去，剔牙齿，捉蛆虫，侍候得鳄鱼舒舒服服。同时，它自己也饱餐了一顿。有时，鳄鱼睡着了，燕千鸟就到它的嘴边，用翅膀拍打几下，鳄鱼就会自动张开大嘴，让小鸟飞进嘴里去。

燕千鸟还会在鳄鱼栖居地垒窝筑巢，生儿育女，好像在为鳄鱼站岗、放哨。只要周围稍有动静，燕千鸟就会警觉地一哄而散，使鳄鱼猛醒过来，做好准备，迎击来敌。

除了燕千鸟和鳄鱼，寄居蟹和刺胞动物等故事也是类似的合作共赢关系。现在，很多企业倡导“产学研”结合的模式，其实就是共生共赢的思考逻辑。对于企业来说，能在价值链外找到和自己形成共赢互补关系的伙伴是非常重要的工作。

2014 年 3 月 26 日，蒙牛在港发布了 2013 年的年报成绩：蒙牛全年营业收入完成 433.6 亿元，同比增长 20.4%。净利润 16.3 亿元，同比增长 25.2%。两个超 20% 的增长验证了蒙牛式逆境生长的坚韧。

伴随年报公布的还有 2013 年蒙牛的大事记，所涉及范畴涵盖了从战略并购合作、系统管理提升，到产品创新、企业责任等各个层面，那么，蒙牛为了业绩的上涨，做了哪些变革与努力呢？通过战略合作推动蒙牛转型升级！

为了实现国际化、全产业链和全行业覆盖，从而发挥“杠杆效应”，增强抵御经营风险和市场风险的能力，2013 年，蒙牛进行了很多的整合，不仅完成了全产业链技术和品质的升级，还引入了国际合作伙伴推进国际化战略布局。

在奶源建设上，蒙牛增持国内最大牧业公司现代牧业，投资入股原生态牧业；在产品结构优化上，蒙牛控股雅士利，拼接奶粉业务版图，增加了国产品牌的市场竞争力和市场占有率；在对标国际上，蒙牛引入了达能先进的技术和管理经验，双方利用优势互补，发挥协同效应，共同发力。

2013 年年底，蒙牛提出了“共赢生态圈”的战略构想，基于这一构想，蒙牛整合了产业链上下游资源，实施了跨界合作，放大了平台价值，为消费者带来了更令人尖叫的产品、更好的服务。2014 年第一季度，蒙牛在共赢生态圈上的探索工作已全面铺开。

1. 创新融入蒙牛品牌血液

为了有效满足市场消费升级的需求，蒙牛在产品和营销上不断创新突破，为消费者构造了更为丰富的产品矩阵和更贴心的沟通服务。

2013 年 5 月，蒙牛研发的首款常温酸奶纯甄创新上市。蒙牛以移动端 App、微信和人机触屏互动游戏为传播阵地，对产品进行了推广，在上市 1 个月的时间里便赢得了超过 1.2 亿次的曝光量。这一营销方式为业界带来启示：营销不必“墨守成规”。

2. 公益平台传递点滴幸福

2013 年 4 月雅安地震，蒙牛第一时间组建了救援队抵达四川，捐赠 1000 万元现金和 1 万箱牛奶，用实际行动展现了“一头奶牛”的赤诚爱心。

蒙牛连续两年参加的“寻找最美乡村教师”活动，不仅全员参与公益，还带动产业链上下游的伙伴持续投身到公益事业中，形成特点鲜明的蒙牛精益化公益模式。

此外，蒙牛还在 2013 年投身了“爱心井”民生工程和“我要上学”等公益活动中。

良性生态圈是怎样的

罗马不是一天建成的，良性生态圈也如此。平台生态圈是由多种多样、错综交织的服务体系组成的大系统，随着信息技术的发展，平台生态圈正在从实物状态向虚拟状态演进。但不变的是，所有的平台生态圈都是建立在“更好地满足当前时代的多方需求”的基础之上的。

谁能把握当前时代的利益相关者的需求以及需求发展趋势，谁就能设计出更好的平台；谁能抓住有更大价值的多方需求，谁的平台就更有现实价值，并有机会逐步打造成更有价值的平台生态圈。

从1984年创立至今，海尔一直在进行“流程再造”和商业模式变革。创新是海尔的一个标签，海尔探索实施的“OEC（开放，自由进出）”管理模式、“市场链”管理及“人单合一”发展模式都引起国内外管理界关注。

在海尔集团内部例会上，张瑞敏说，三中全会用“创新驱动”描绘了整个发展战略。落实创新驱动发展战略，海尔就是要加快推进“人单合一”的模式创新，建立起一个平台型企业。张瑞敏解释，平台型企业就是快速配置资源的一个生态圈，这是一个生生不已的系统。

2013年12月6日，海尔与阿里巴巴达成战略合作，张瑞敏对马云说，百年企业都是在自杀和他杀中选择了自杀，都是自杀了若干次之后才能成百年企业，否则早被他杀掉了。万事万物没有不灭的，但问题你怎么延续它，你怎么来自我颠覆。

海尔探索建立了一个适应互联网时代的生态系统。这个生态圈建设的目标是“生生不已”。这里的“生生不已”绝不是只生不死，指的是整个生态圈，而不是哪一个具体的物种。

如今，传统企业、传统经济已经到了山穷水尽的境地，移动互联网就是一个最好的契机。信息技术时代的原动力是平台，平台颠覆了规模和范围。企业的模式推进需要两个层面的颠覆，从企业层面看，要从过去的层级式颠覆成平台式；而表现在利益共同体层面，就是要成为演进生态圈。

那么，在移动互联时代，对于平台型企业，应该如何构建自己的平台生态圈？不妨从下面3个步骤来进行。

1. 找到价值点，实现立足

只要把持住诸多价值链有共性的一个环节，做到相对高效，为一个或多个价值链提供更多价值，就可以此为基础，建立一个平台。

2. 建立核心优势，扩展平台

在平台的基础上，只有建立起如技术、品牌、管理系统、数据、用户习惯等自己容易复制别人很难超越、边际成本极低或几乎为零的无形资产优势，才能增加平台的可扩展性；才能在网络效应的推动之下，使平台迅速做大，实现更大的平台价值。

3. 衍生更多服务，构建生态圈

在平台上，为价值链上的更多环节构建更多高效的辅助服务，能增强平台的黏性和竞争壁垒，最终形成平台生态圈。

在生态圈中确立有利地位

一般情况下，“生态型企业”都具备在生态系统中存活并发展壮大的能力。只有在生态圈中确立有利的地位，才能给企业带来收益和发展。如何才能确立自己的有利地位呢？

1. 食物链——分析企业在行业价值链中所处的位置，判断自己的竞争优势

俗话说得好，大鱼吃小鱼，小鱼吃虾米！现实中的食物链要比这复杂得多，大鱼能吃的小鱼往往有很多种，而小鱼也不仅仅可以吃虾米。每一个物种，在生态圈中都有自己的食物来源，也有自己的天敌。

从企业的角度看，食物链可以推演为企业所处的供应链和价值链，即我们通常讲的上游、中游和下游。上下游之间不能简单地理解成剥削与被剥削的关系，不是越往上游就越有利可图。

价值链的控制者并没有固定位置，经常会随着环境和企业自身的发展而变化。比如，家电行业，从制作商主导，到渠道商主导，再到核心面板原料商主导，并没有定势。

2. 水体——基于自身的资源，选择合适的目标市场，确立精准的市场定位

自然界的水体存在各种形态，如河流、湖泊、海洋等，因此才构成了以水为载体的多样化生态系统。一般情况下，河流上游，水的流速较快，下游流速较慢。缓流与急流相比，含氧量较少，但是营养物质要丰富得多，因此，缓流中的动植物种类也较多。

除了水速，还有一个很重要的因素，就是水层。中国有四大家鱼，青、草、鲢、鳙就是生活在不同水层的。其中，青鱼栖息在水底，以水底的螺丝等动物为食；草鱼喜欢栖息在水体边缘，主要以各种青草为食；鲢鱼则生活在水体浅层，靠吃浮游植物为生；鳙鱼栖息在水体中下层，以浮游动物为食。

对于企业来说，需要认真考虑，如何选择目标市场，如何定位自己的产品？这往往是企业基于自身资源和能力的一种判断。比如，汽车选择本地市场还是全国市场，国内市场还是海外市场；再如，手机，高端如iPhone，中端如小米……每个品牌都有自己的生存空间，但每种定位能辐射的消费者、面临的竞争是不一样的。因此，很多人都说，企业经营是一种选择的艺术。

3. 集群行为——分析行业的产业集群特点，从集群中挖掘潜在价值

集群生活是动物的一种重要的生活方式，集群生活不仅方便个体动物的觅食、繁殖，还可以提高防御天敌的能力。

在非洲大草原上，生活着大量的集群食草动物——角马。每年的干旱季节，角马都会上演一幕浩浩荡荡的大迁徙，穿越马拉河，寻找新的草原。在迁徙过程中，它们要面临狮子、猎豹的捕杀，角马的种群数量也会通过这种迁徙得到平衡。

对于企业来说，集群是主动构建生态的一种非常重要的措施。当群体建立起来时，企业就不再是单打独斗了；更重要的是，可以实现倍增的聚合效应。

在竞争日益激烈的环境下，单打独斗的策略越来越难见效。借势，特别是借产业集群的势，是非常重要的一种战略选择。企业可以参与其中，甚至可以凭实力发起这样的集群。这是企业适应、甚至改造生态的一条出路。

生态圈中的竞合关系

“生态型企业”源自对大自然生态系统的比拟。如果将商业“生态圈”与大自然生态圈相比，那么传统企业就是商业“生态圈”中的某一元素，如某一种植物、某一种动物或是一条河流……

那么，究竟何谓企业的生态系统？是指企业自身就构成了一个“生态圈”，有其赖以生存的“动植物群落”和“空气、土地等公共资源”。

1. 生态型企业出现

生态型企业是依靠平台发展起来的一种商业形式。正是因为二面市场兴起，平台才得以发展，进而使得生态型企业的发展水到渠成。

二面市场作为一种新的组织形式兴起，使得平台的地位开始凸显。在平台型结构的产业中，交易活动都是在某个平台进行的。这个平台通过一定的价格策略向双边或多边交易方出售产品或者服务，促使他们在平台上实现交易，称为“二面市场”。例如，我们所熟知的操作系统平台，市场一边是软件使用者，另一边是软件开发者。

就互联网来说，基于互联网领域的四大基础应用——邮箱、IM（即时通信）、搜索和电子商务，诞生了网易、腾讯、百度和阿里巴巴这些“平台型企业”。就移动平台来说，由于智能手机销售业绩不断攀升，引发移动平台市场多强争霸。依靠平台支撑和产业链不断延伸，企业连接起价值链的各个点，构建起自身的“生态圈”，就会形成生态型企业。

阿里巴巴依托电子商务平台的强大力量，连接起了中小企业、自主创业者和消费者，打造了一条生态型企业商务供应链。其中，庞大的用户群和平台优势是企业构建生态圈的有利土壤。截至2008年3月31日，阿里巴巴的国际交易市场与中国交易市场，分别拥有490万名和2480万名注册用户。

阿里巴巴的生态圈全面涵盖了企业间交易、个人零售购物、个人生活服务三大互联网板块。中小企业、自主创业者、消费者是阿里巴巴生态圈中的三大群体；阿里巴巴、淘宝网和阿里妈妈是阿里巴巴生态圈的三大平台；阿里软件、支付宝、阿里旺旺、雅虎口碑等是生态圈中的工具或资源，为搭建信息平台服务。

2. 企业利用生态圈竞争

如今，一些企业已经通过生态系统的力量与竞争对手展开了角逐。

微软生态系统的构建得益于 PC 操作系统平台的强悍地位和庞大的合作伙伴队伍。微软生态系统中的企业或为微软的产品提供服务，或其创造的产品基于微软的平台运行，或与微软产品协同工作。到 2007 年中，微软 Windows Mobile 操作系统已经运行在超过 140 种手机设备上，这很大程度上得益于其庞大的合作伙伴生态系统。

控制产业链和享受协同效应是企业构建生态系统的动机。就控制动机来说，对产业链的无限追求可以使企业控制范围朝着纵向和横向两方面发展，催生生态型企业。比如，阿里巴巴集团不仅利用支付宝解决第三方支付问题；还通过并购雅虎进入了搜索领域，实现了纵向一体化；以 B2B 平台为切入点，分别以阿里软件和阿里妈妈进入管理软件领域和网络广告领域，实现了横向一体化。

就协同效应来说，生态圈可以实现规模效应，增强研发能力，为生态圈节约成本或创造价值。在中国，2007 年微软每创造 1 元人民币收入，与微软合作的其他企业就会创造出合计 16. 89 元人民币的收入。

3. 未来是生态型企业的天下

未来，客户将需要更多的一体化解决方案，这将进一步拉动产业链由单一线型向生态型进化。而且，由于生态型企业具有良好的内部平衡能力，具有极强的自我调整和自我修复能力，抵御风险能力更强，因此我们有理由相信，生态型企业将会是产业链未来进化的方向。

同时，生态型企业还要处理好产业链开放、专注用户与核心业务等问题。为了打造生态圈，平台型企业需要开放产业链，顾客则是生态圈中的重要群体。生态型企业应专注核心业务，不盲目扩张。比如，阿里巴巴专为电子商务服务，不做娱乐和非商务咨询。

但是，生态型企业可能也会有一些管理上的问题。比如，在生态圈中，各个子公司和下属部门是财务上独立的核算单位，协同中的摩擦不可避免。如果不能及时进行信息沟通，生态圈的管理效率就会受到影响。另外，生态型企业还应处理好产业链开放、专注用户与核心业务等问题。

第九章

利益链：价值再平衡

商业模式创新主要体现为以技术为基础、依托产业价值链、着力管理创新的方式。其中，基于产业价值链这一外生因素的价值定位、赢利源选择、赢利点选择是至关重要的。因此，依托产业价值链挖掘商业机会、展开商业模式创新也就成为商业模式建构与实践的分水岭。而商业模式最核心的部分——赢利模式，恰恰完全依赖于对产业价值链的分解。

模式变革与利益链条

在移动互联时代，企业赢利条件和空间都发生了巨大的变化，面对来自各方面的压力，创新商业模式也就成了必然要求。商业模式反映的是企业在市场中与用户、供应商及其他合作伙伴的商业关系。先进的商业模式不仅可以为企业自身带来赢利，还能够为企业的利益相关者赢利，在“共赢”中找到赢利的空间和机会。

招商时，很多企业都会承诺会对分销商进行支持，会努力帮助分销商开发客户、抢占市场提升销量等，会维护分销商的利益。可是，在实际情况中，有的企业还是将天平的砝码放在了渠道拓展上。

很多企业只注重“攻城略地”，却忽略了一个关键问题——渠道维护。虽然成功开发了分销商，而且也签订了合作协议，但是依然出现了很多不良情况，比如，没有形成销量；销售业绩不明显；企业已经给予了极大的支持，但是分销商的积极性仍然不高，对产品销售不重视。有些分销商虽然也觉得企业的产品不错，也积极推广产品，但客户并不“买账”，他们也是一点办法都没有……类似的情景在企业的渠道网络中经常上演。

在渠道建设过程中，企业往往要投入大量的资金，包括渠道人员的招募、培训、差旅、招商广告、展会等，但企业要想真正获利，还依赖于后期销售商给企业的订单。如果分销商得不到很好的维护，比如，服务效率不高、发货不及时、产品质量有缺陷等，分销商的利润就会降低；一旦因为这些原因而得不到应有的利润，分销商就会逐步减少订单，甚至没有订单。因此，行业渠道管理并不是以分销商开发成功作为终结阶段，当维护和服务跟不上时，分销商也会流失，企业的效益就会大打折扣。

对于企业来说，建设一张渠道网只是一个基础、一个开始，要想保持这张渠道网对企业的忠诚度，并利用它来发挥增值作用，必须不断地对这张网进行管理与维护。否则，即使将这张网织得再好，也会随着变得破烂不堪而毫无价值。

俗话说得好："打江山容易，守江山难!"要想让渠道保持一个长期良好的客情关系，要想让渠道持续向上发展，并不是一件容易的事情。如果企业不能有效做好分销商渠道的维护，长时间花费大量资源，很可能会让品牌建设前功尽弃。

可是，面对渠道维护的艰难，企业并不是无计可施，只要掌握有效实用的渠道维护技术（见下图），就能保持渠道网的健康成长。

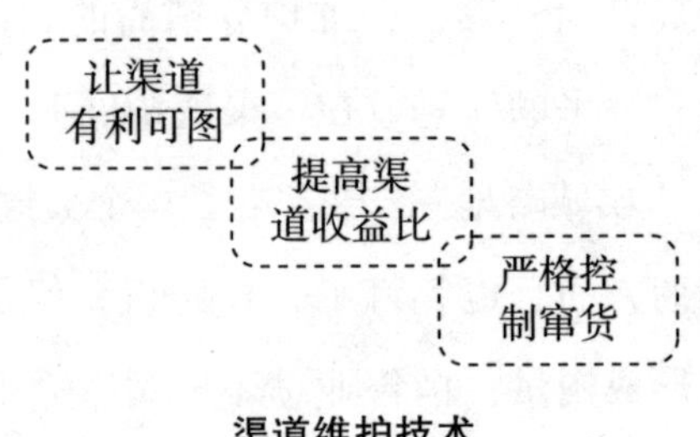

渠道维护技术

1. 让渠道有利可图

这是企业最基本的维护手段之一。销售商之所以愿意跟企业做生意，主要还是认可其产品有比较可观的利润，这一点在新产品、新品牌上表现最为普遍。而随着产品生命周期的变化，如果有一天，销售商发现这类产品已经在市场上泛滥，价格变得透明无利可图时，早晚会将其打入冷宫，转而投向新的赢利产品。

因此，保证渠道有利可图，这是渠道维护的前提。近年来，很多企业都热衷于引进新品牌、新品类，就是根据企业产品的生命周期而做出的经营调整，其目的就是为销售商提供更多产品选择，提升利润空间。

2. 提高渠道收益比

现在市场竞争激烈，同类产品往往有很多竞争对手，销售商面临的合作选择也多种多样。因此，对于销售商来说，哪个产品的收益高，渠道肯定会投入更多精力去销售这个产品。

这里之所以要用“收益”这个概念而没有用“利润”是因为，收益是多方面的，不仅包括产品利润，还包括经营该产品对其分销网络的推广促进作用，经营该产品品牌给自身创造或带来的业内名声，以及其他更多隐性的、不可估值的额外收益等。

近年来，终端商品行业的品牌化趋势越来越明显，有些大品牌折扣利润定得很低，甚至对于销售商来说是微利产品，但是却能提升销售商的企业形象。

3. 严格控制窜货

窜货是一件最让企业头疼的事，也是经销商最忌讳的事。一旦出现窜货，会让市场体系变得不规范，从而影响企业维护渠道的公信力。对于窜货，有些企业睁一只眼闭一只眼，认为只要能给我卖货就行，如果侵犯了销售商的权益，回头适当的政策补偿就可以了。错！千万不要耍小聪明，世上没有不透风的墙，销售商迟早有一天会知道，这笔账也会一直记在心里。追逐利益是渠道的天性，如果企业不能保证好渠道的利益，就会遭到渠道的背叛。

什么样的利益链节点才高效

一个供应链包括从上游生产商到下游零售商的多个企业，每个企业就是一个节点。在供应链管理环境下，企业的生存与发展必须依靠供应链上的每个节点，包括上游的供应商、下游的销售商和最终的顾客。

2013 年手机制造领域最火的品牌是什么？小米，成立时间仅三年，但是其发展速度确实快到令人瞠目结舌，2013 年 8 月实现新一轮融资时，被估值 100 亿美元，排在腾讯、阿里、百度后面，成为中国第四大互联网公司，在硬件公司排名则仅次于联想集团。

这一切都要得益于小米独有的供应链模式：粉丝饥渴营销 + C2B 预售 + 快速供应链响应 + “零库存” 策略。

1. 产品定位

自己定位为苹果的补缺者，采取的主要战略形式是侧翼战，定位在手机“发烧友”这个市场，“为发烧而生”！

2. 营销模式

最重要的营销策略是“饥渴营销”模式，没有 F 码，即使有钱也未必能买到小米。在这个粉丝经济的移动互联网时代，小米完全依靠社交媒体、走的是电商路线，大大地降低了成本，超高的性价比仍然有利润。

3. 赢利模式

小米卖手机，其实单独的手机利润并不高，关键是卖增值服务、衍生产品，同时打造互联网平台来赢利。2013 年，应粉丝的要求，小米还推出了一系列产品：盒子、电视、路由器等。

4. 供应链模式

整个交易过程彻底扁平化，只有线上的途径才可以购买。然后，通过需求集约来驱动后端的整个供应链，后端的供应链组织大概在2~3周内满足。这种供应链模式对于小米来说几乎是“零库存”管理，每一个动态的库存都属于顾客。

小米作为互联网思维颠覆传统行业供应链模式的革新者，将传统手机这一“重资产供应链组织模式”转变为“轻资产供应链组织模式”，值得借鉴。

企业在进行供应链管理的优化和革新时，必须明确供应链管理的现状和未来发展趋势，对于供应链管理的核心业务模式必须有非常清晰的概念。如果不能掌握供应链发展的内在规律，所有的优化或者革新都是枉然。

要使供应链的优化和改革有目标、有方向，做到有的放矢，企业供应链管理需要从以下几个关键因素出发。

1. 产销率

所谓产销率，是指企业在一定时期已经销售的产品总量与可供销售的产品总量之比，它反映的是产品生产实现销售的程度，即生产与销售衔接程度。这一比率越高，说明产品符合社会现实需要的程度越大；反之，则越小。

企业供应链产销率是指一定时期内供应链各节点已销售出去的产品和已生产的产品数量的比值，公式为：

产销率 = 一定时期内供应链某节点已销售产品数 ÷ 一定时期内供应链该节点已生产产品数 × 100%

这一数值可以反映出供应链各节点企业在一定时期内的产销经营状况、供应链资源有效利用程度、供应链库存水平、供应链的时间效率问题等。通过计算可以发现，数值越接近1，供应链节点的资源利用程度和成品库存越小。

2. 产需率

产需率，是指在一定时间内，企业供应链各节点已生产的产品数与其下游节点对该产品的需求量的比值，公式为：

产需率＝一定时期内某节点已生产的产品数（或提供的服务）÷一定时期内下游节点对该产品（或服务）的需求数×100%

该数值反映了供应链各节点间的供需关系。同理，数值越接近1，上下游节点间的供需关系协调、准时交货率也就越高；反之，则说明上下游节点间的准时交货率低或综合管理水平较低。

根据企业管理中的“木桶原理”，在实际评价中，可以选取“木桶”中最短的那块“木板”——产需率最低的节点，作为企业供应链产需率总体评价的指标值。

3. 产品出产（或服务）循环期指标

供应链产品出产（或服务）循环期，是指供应链各节点产品出产（或服务）的出产节拍或出产间隔时间，反映了各节点对下游节点需求的响应程度。循环期越短，说明该节点对其下游节点的快速响应性越好。

在实际评价中，可以以各节点的循环期总值或循环期最长的节点指标值作为整个供应链的产品出产（或服务）循环期。

4. 供应链总运营成本

供应链总运营成本包括供应链通信成本、各物料、在制品、成品库存费用、各节点内外部运输总费用等，反映的是供应链的运营效率。

5. 库存周转率

库存周转率，是指某时间段的出库总金额与该时间段库存平均金额的比，指的是在一定期间（一年或半年）库存周转的速度。

提高库存周转率对于加快资金周转，提高资金利用率和变现能力具有积极的作用。进行库存周转率考核，可以从财务的角度计划预测整个公司的现金流，从而考核整个公司的需求与供应链运作水平。

库存周转率的计算公式，实际评价中可以用如下公式进行计算：

（1）库存周转率 =（使用数量 ÷ 库存数量）×100%

（2）库存周转率 =（使用金额 ÷ 库存金额）×100%

（3）库存周转率 =（该期间的出库总金额 ÷ 该期间的平均库存金额）×100% = 该期间出库总金额 ×2 ÷（期初库存金额 + 期末库存金额）×100%

库存周转率计算公式是（以月平均库存周转率为例）：

（1）原材料库存周转率 = 月内出库的原材料总成本 ÷ 原材料平均库存 ×100%

（2）在制库存周转率 = 月内入库的成品物料成本 ÷ 平均在制库存 ×100%

（3）成品库存周转率 = 月销售物料成本 ÷ 成品在库平均库存 ×100%

6. 准时交货率

准时交货率，是指在一定时期内，供应链各节点准时交货（或服务）次数占其总交货次数的百分比。准时交货率低，说明其协作配套的生产（服务）能力达不到要求，或对生产（服务）过程的组织管理能力跟不上供应链运行要求；反之，则说明供应链的生产（服务）能力强，生产管理水平高。

7. 成本利润率

成本利润率，是指供应链各节点单位产品（服务）净利润占单位产品（服务）总成本的百分比。产品（服务）成本利润率越高，说明供应链的赢利能力越强，企业的综合管理水平越高。

8. 产品质量合格率

产品质量合格率，是指供应链各节点提供的质量合格的产品（服务）数量占产品（服务）总产量的百分比，它反映供应链节点提供货物的质量水平。

从以上相关数据可以看出，供应链管理涉及的细节很多，供应链管理就是对供应链节点企业相关业务的管理。从采购到生产再到销售以及延伸的物流、进出口、仓储管理、库存管理等环节的企业都需要参与，相互协同、步调一致才能使供应链管理的效率发挥到极致。

坚决打掉“灰色利益链”

关于“灰色利益链”我们先来举几个例子。

1. 酒水行业终端的灰色利益链

长期以来在终端扩张时，酒水行业一直存在一条畸形的“灰色”利益链条，包场费、兑瓶盖费、上架费、返点等合同外的费用层出不穷。然而，这条利益链一直潜藏在众目睽睽之下。

一些酒店采用“酒水招标”的形式采购酒水，所谓“酒水招标”，就是酒店或酒吧将所有酒水的供货权通过竞价招标的形式包给外界的竞标人，再由竞标者充当“酒水掮客”去组织货源，这种做法将经营风险都转嫁给了“酒水掮客”和供货商，稳赚不赔。供货商也看中了这个市场，借此保证自己的商品在市场上的竞争力。

因为有了“酒水掮客”的参与，大多数的酒业经销商销售成本也跟着“水涨船高”。酒水进入酒店或者酒吧后，价格自然会陡升，一瓶市场上只卖五六十元的白酒，到了酒店或者酒吧，身价就会翻番。

出于成本的考虑，大多数经销商都会以“开瓶费”为诱饵鼓励酒店服务员促销。推销一旦成功，各个环节的高额费用就会转嫁到消费者头上，消费者成为最终埋单者。

事实上，“酒水掮客”收取入场费行为是一种商业贿赂。这种行为是不合法的，我国的反不正当竞争法有规定：“经营者不得采用财物或者其他手段进行贿赂以销售或者购买商品。在账外暗中给予对方单位或者个人回扣的，以行贿论处；对方单位或者个人在账外暗中收受回扣的，以受贿论处。”但实际管理操作中难度较大，因为“酒水掮客”都是暗中操作，隐蔽性很强。

2. 月饼行业的利益链

一到中秋，月饼券“黄牛”就有水喝了。据一名黄牛透露，月饼生意可以做个把月，每到中秋前，一天可以倒手二三十张。平均一天 15 张，一张赚 30 元，一天就能赚 450 多元，一个月就上万元了。卖不完的怎么办？“最后收尾”的老板就是月饼厂家。

酒店、厂家卖月饼的“规则”各不同：有的算准了实物不会被提完，部分消化不掉的月饼券就从黄牛手中再回收。比如，企事业单位以 6 ~ 7 折的价格，从厂家团购月饼券发给员工；员工再以4~6折的价格把月饼券卖给“黄牛”；“黄牛”会加价把月饼券再销售给需要的消费者，并把卖不掉的月饼券以4~5折的价格再返回原来厂家，厂家还能靠“一张纸”白赚一二成利润，“黄牛”也不会吃亏。

月饼一般只有在中秋节才会销售火爆，因此众多食品生产企业也只会在此期间大量制作月饼。为了更好地知晓市场需求，减少库存，用票制来准确生产销售月饼则成为了一种不错的营销模式。

然而，这本来是一种促进销售的良好机制，却被黄牛党发展成为了牟取利益的灰色产业链：黄牛党以票面价值的一半回收月饼券，再以8折的价格卖给消费者，如此一来，中间的差价就到了黄牛的口袋里。即使当年的月饼券有剩余，商家也会以低价回收，第二年再以票面价值或打8折出售，也可以实现“空手套白狼”。

就这样，中间的差价被黄牛党和商家赚取，最后送出去的月饼券并没有兑换成月饼，商家也就省去了月饼的生产环节，却仅仅靠着虚拟的月饼券赚取了同样甚至更多的利润。

……

这样的“灰色利益链”在各行各业里有很多，为了实现企业的价值平衡，就要坚决打掉。

黑色利益链对商业模式的侵蚀

如今，互联网正大跨步进入移动时代。未来的互联网将以“无线接入为主，有线互联网将只是互联网的一部分”逐渐成为共识。

面对诱人的移动互联网大蛋糕，无数的“掠食者”纷纷而至，致使预装软件、病毒打包、垃圾短信成为移动互联市场三大顽疾。依靠背后的黑色利益链条，一个产品从出厂开始，各个利益群体就会先后登场，层层侵害蚕食用户的权益。

1. 预装软件泛滥，各方争逐“第一口奶”

随着智能手机的普及，手机预装软件泛滥成灾，用户备受困扰。预装软件耗电、耗内存、耗流量，还容易泄露个人隐私，暗扣吸费，又很难卸载，Root（最高权限）刷机后无法享受保修，被形象地称为手机“牛皮癣”。

据艾媒咨询发布的《2013 年中国智能手机预装软件用户调查报告》显示，近八成用户新买智能机含 15 个以上第三方预装软件，66.8% 的用户很少使用第三方强制预装软件，强制预装情况最普遍的手机品牌为三星、华为、中兴、联想和 HTC。

其实，预装软件本身没有错，安全有效的预装软件可以让手机更具优化性能的操控体验，帮助入门用户顺利过渡，增加手机卖点。可是，预装软件无法卸载侵犯了消费者的知情权、选择权和公平交易权，其带来的耗电、耗流量和耗话费等问题严重侵犯了消费者的权益。

据了解，我国安卓手机系统应用软件已接近 30 万个，为了推广应用软件，很多人瞄准了这个广阔的平台。一条由手机厂商、运营商、各级代理商、渠道商、刷机商等环节共同构成的黑色利益链若隐若现。

手机厂商，或因与软件开发商有合作关系，或为增加手机卖点，或纯粹为了从中获利，在手机上内置相关软件；运营商为了增加自己的用户量，开拓增值业务，在定制机型中要求厂家植入自己的品牌软件；代理商、渠道商则在手机出厂后、进入市场前为了牟利人为“刷机”，预装进各种手机软件。

被誉为手机“第一口奶”的预装软件，其背后还是利益在作怪。资料显示，通常单台手机每预装一个软件可以向软件商收费八角到五元不等，还存在靠预装软件在后台偷跑流量或扣费等变相赢利的情况。

而且，预装软件拥有软件市场所不具备的一些独特的优势。预装软件无法删除，用户常常先入为主，且有的预装软件会推荐一些其他的软件，对用户选择软件产生一定的影响。

2. 垃圾短信满天飞，诈骗短信防不胜防

垃圾短信是多年来困扰手机用户的一大顽疾。据腾讯安全研究院数据统计，2013 年前三个季度被举报的垃圾短信总数达 1.87 亿条，其中诈骗短信占 2.39%，约为 447 万条。实际到达用户手机的垃圾短信更多，保守估计仅诈骗短信就超过 2 亿条。

垃圾短信界定困难，目前常指涉及商业广告，包括公益信息、各种会员信息，还有一些诈骗、淫秽色情等违法的群发信息。其产业链环节繁多，管理起来十分困难。

常见垃圾短信通常由短信群发器、移动运营商集团客户发出。发信人显示为手机号码的垃圾短信，大多数来自短信群发器；而短信代码以“106”数字开头的，常常来自三大运营商推行的集团客户短信群发业务。

垃圾短信成本低廉，三大运营商对集团短信业务睁一只眼闭一只眼，广告商与不法分子趁机钻空子，结果垃圾短信泛滥。

诈骗短信逐渐升级，越来越逼真，令人防不胜防。通过车载伪基站，不法分子可以随意设置短信发送人号码，冒用银行等公共服务号码向附近手机用户发送信息，引诱用户至钓鱼网站，获取银行账号和密码进行诈骗。

3. 团队非法牟利，病毒打包形成产业链

移动互联网病毒也在过去几年呈几何倍数增长。数据显示，2011 年腾

讯安全实验室共截获2.5万个病毒包，2013年截获近57.1万多个病毒包，不到三年的时间病毒包数增长了数十倍。金山手机毒霸安全中心累计收集可疑样本超过1100万个，近三年，安卓可疑样本量增长了近50倍。

病毒包直接威胁用户财产和隐私安全，而其爆炸式的出现主要与以二次打包为主要手段的应用病毒产业链快速形成有关。

一旦新款App进入应用市场，就会立即被“二次打包党”盯上。“二次打包党”只需对软件进行破解、反编译，加入病毒或吸费指令重新打包，将其打包后，就可以将带有病毒的App放进市场。

比如，神庙逃亡、保卫萝卜和植物大战僵尸等当红游戏都可能遭到二次打包，被加入各类不良指令，以达到广告、吸费、跑流量、上传个人隐私数据等非法目的；用户一旦下载使用了这些带病毒的软件，轻则频受广告侵扰、损失流量，重则账号密码丢失、隐私被泄。

同时，如今已经出现了很多假冒各类电商App盗取银行卡密码等信息的假应用，一些知名购物网站甚至各类银行类App都成为被二次打包植入病毒的热门对象。加上键盘黑手、USB窃贼等第三方病毒，手机支付面临不小的威胁。

一个十个人的团队可以在一个月内通过“打包”应用挣得纯利润150万元。暴利驱使下，黑色利益链迅速形成。如果任由其发展，必将严重威胁到移动互联网的安全。因此，一定要注意黑色利益链对商业模式的侵蚀。

利益链与商业模式的对应关系

在移动互联时代，传统PC互联网商业模式面临挑战。用户数量不能决定一切，不重视对移动互联网商业模式的探索，就像开着豪车酒驾，很刺激但也很危险。因此，在移动互联网时代要尽早考虑商业模式，搞清楚利益链和商业模式之间的对应关系。

1. “工具＋社群＋电商/微商”商业模式

随着移动互联网的发展，信息交流越来越便捷，志同道合的人更容易聚在一起，形成社群。同时，移动互联网还将散落在各地的星星点点的分散需求聚拢在一个平台上，形成了新的共同需求，并形成了规模，解决了重聚的价值。

如今，移动互联网正在催熟新的商业模式，即“工具＋社群＋电商/微商”的混合模式。比如，微信最开始就是一个社交工具，先是通过各自工具属性/社交属性/价值内容的核心功能过滤到海量的目标用户，加入了朋友圈点赞与评论等社区功能，继而添加了微信支付、精选商品、电影票、手机话费充值等商业功能。

为什么会出现这种情况？简单来说，工具就像是一道锐利的刀锋，能够满足用户的痛点需求，用来做流量的入口，但它无法有效沉淀粉丝用户。社群是关系属性，可以用来沉淀流量；商业是交易属性，主要用来变现流量价值。三者看上去不同，但内在融合的逻辑是一体化的。

2. 长尾型商业模式

长尾概念由克里斯·安德森提出，这个概念描述了媒体行业从面向大量用户销售少数拳头产品，到销售庞大数量的利基产品的转变。虽然每种利基产品相对来说只产生小额销售量，但利基产品销售总额可以与传统面向大量用户销售少数拳头产品的销售模式媲美。

通过C2B实现大规模个性化定制，核心是“多款少量”，因此长尾模式需要低库存成本和强大的平台。

3. 跨界商业模式

马云曾经说过一句很任性的话，他说，如果银行不改变，那我们就改变银行，于是余额宝就诞生了，推出半年规模就接近3000亿元。雕爷不仅做了牛腩，还做了烤串、下午茶、煎饼，还进军了美甲；小米做了手机，做了电视、农业，还要做汽车、智能家居。

移动互联网为什么能够如此迅速地颠覆传统行业？从本质上来说，移动互联网的颠覆就是利用高效率来整合低效率，对传统产业核心要素进行再分配，也是生产关系的重构，以此来提升整体系统效率。

企业可以通过减少中间环节，减少所有渠道不必要的损耗，减少产品从生产到进入用户手中所需要经历的环节来提高效率，降低成本。因此，对于企业来说，只要抓住价值链条当中的低效或高利润环节，利用移动互联网工具和移动互联网思维，重新构建商业价值链，就有机会获得成功。

如果仅仅把移动互联网当成一个工具，思考怎样提高组织效率、如何改善服务水平，更希望获得更大利润，传统企业在转型过程中很容易受到资源、过程和价值观的束缚。

4. 免费商业模式

“互联网+”时代是一个“信息过剩”的时代，也是一个“注意力稀缺”的时代，怎样在“无限的信息中”获取“有限的注意力”，便成为“互联网+”时代的核心命题。

由于注意力稀缺，众多互联网创业者们开始想尽办法去争夺注意力资源，而移动互联网产品最重要的就是流量，有了流量才能够以此为基础构建自己的商业模式，所以说移动互联网经济就是以吸引大众注意力为基础，去创造价值，然后转化成赢利。

为了吸引用户，很多企业都会提供免费服务，都会提供好的产品，其实完全可以给不同的用户提供新的产品或服务，在此基础上再构建商业模式，比如，360 安全卫士、QQ 用户等。传统企业完全可以在用来赚钱的领域免费，彻底把客户群带走，继而转化成流量，然后再利用延伸价值链或增值服务来实现赢利。

如果有一种商业模式既可以统摄未来的市场，也可以挤垮当前的市场，那就是免费的模式。信息时代的精神领袖克里斯·安德森在《免费——商业的未来》中归纳基于核心服务完全免费的商业模式：一是直接交叉补贴，二是第三方市场，三是免费加收费，四是纯免费。

5. O2O 商业模式

2012 年 9 月，腾讯 CEO（首席执行官）马化腾在互联网大会上的演讲中提到，移动互联网的地理位置信息带来了一个崭新的机遇，这个机遇就是 O2O，二维码是线上和线下的关键入口，将后端蕴藏的丰富资源带到前端，O2O 和二维码是移动开发者应该具备的基础能力。

O2O 是 Online To Offline 的英文简称。狭义理解就是线上交易、线下体验消费的商务模式，主要包括两种场景：一是线上到线下，用户在线上购买或预订服务，再到线下商户实地享受服务，目前这种类型比较多；二是线下到线上，用户通过线下实体店体验并选好商品，然后通过线上下单来购买商品。广义的 O2O 就是，将互联网思维与传统产业相融合。

未来，O2O 的发展必然会突破线上和线下的界限，实现线上线下、虚实之间的深度融合，其模式的核心是基于平等、开放、互动、迭代、共享等互联网思维，利用高效率、低成本的互联网信息技术，改造传统产业链中的低效率环节。

O2O 的核心价值是充分利用线上与线下渠道各自优势，让顾客实现全渠道购物。线上的价值就是方便、随时随地，并且品类丰富，不受时间、空间和货架的限制。线下的价值在于商品看得见摸得着，且即时可得。从这个角度看，O2O 应该把两个渠道的价值和优势无缝对接起来，让顾客觉得每个渠道都有价值。

6. 平台商业模式

互联网的世界是无边界的，市场是全国乃至全球。平台型商业模式的核心是打造足够大的平台，产品更为多元化和多样化，更加重视用户体验和产品的闭环设计。

张瑞敏对平台型企业的理解就是利用互联网平台，企业可以放大，原因有二：第一，这个平台是开放的，可以整合全球的各种资源；第二，这个平台可以让所有的用户参与进来，实现企业和用户之间的零距离。

在移动互联时代，用户的需求变化越来越快，越来越难以捉摸，单靠企业自身所拥有的资源、人才和能力很难快速满足用户的个性化需求，因此要打开企业的边界，建立一个更大的商业生态网络。通过平台以最快的速度汇聚资源，满足用户多元化的个性化需求。所以平台模式的精髓，在于打造一个多方互利共赢的生态圈。

但是对于传统企业来说，最好不要轻易尝试做平台，尤其是中小企业不应该一味地追求大而全、做大平台，应该集中自己的优势资源，发现自身产品或服务的独特性，瞄住精准的目标用户，发掘出用户的痛点，设计好针对用户痛点的极致产品，围绕产品打造核心用户群，并以此为据点快速地打造一个品牌。

暴利利益链的反动模式

最赚钱的暴利营销思维是：赚钱 = 前端让利 × 中端赢利 × 后端暴利。

传统的营销是通过大量广告宣传，通过反复灌输，强化客户记忆，影响购买决定，达到品牌广告效应。在这种营销模式中，客户是被动的，是痛苦的，是不情愿的。巨额广告费所带来的风险很高，成本非常高，效果非常低，效益是不可控的。

我们这里所说的暴利营销模式，是反传统的，成本很低，效果非常好，并且毫无风险。这种营销思想是：从客户角度出发，向潜在客户提供有价值的东西，让潜在客户主动靠近，主动成交。

每种生意都脱离不了“零营销模式”中关于的“前端、中端、后端”的营销概括，区别只是侧重点而已。反过来讲，“零营销模式”适合于任何行业、任何生意。无论你的生意规模多大，庞大至世界 500 强超级企业，微小到街边的夜市地摊，这种营销体系都能帮助到你。

所有的生意都要涉及人，所有的人都有一种天性，这种天性叫人性。对于人性的理解才是“零营销模式”的真正精髓。只有先给予，才能获得回报。这是人性规律，也是大自然的规律。移动或者联通，经常会做一些活动，比如，充话费送手机，这也就来自这个模式，在前端亏钱送你一部手机，在后端当你充电话费时进行赢利。

使用零营销模式最多的是 IT 公司，其赢利模式几乎是纯粹的免费使用的先亏后赚。比如，腾讯 QQ，免费让你使用 QQ，获得大量免费用户，然后再在 QQ 里通过虚拟形象、游戏等赚钱；360 安全卫士（杀毒软件），免费让你使用软件，获得大量免费用户，然后再销售收费软件等增值服务；百度搜索，免费让你使用搜索引擎，获得大量免费用户，然后通过关键字广告赚钱。还有一些共享软件，免费让你使用软件，获得大量免费用户，然后收取软件维护费赚钱。再比如优酷等视频网站，免费让你看视频，然后通过视频广告赢利。

诸如此类，IT 行业之所以大量使用先免费后收费的模式，是因为其行业共性所决定。一个软件或者一个网站，增加一个免费用户的成本几乎为零，完全可以通过这种模式大量发展免费用户，再对这些免费用户进行收费销售……这些都是先亏钱后赚钱的典型营销模式。

免费的力量是可怕的。当前端客户足够多的时候，后端自然而然地就能赚大钱。这是营销思想的转变，是市场发展结果的必然。

那么应该怎么做营销活动，才能让你的生意赚到更多的钱？如何运用“零营销模式”，才能使之做到“暴利”？见下面的表格。

零营销模式

步骤	流程	利润	目标	营销重点
1	前端营销	让利	人数	翻倍增加潜在的“客户人数”
2	中端营销	赢利	钱数	翻倍增加新客户的“成交钱数”
3	后端营销	暴利	次数	翻倍增加老客户的“购买次数”

请将下面这句话，详细阅读三遍，最好能时刻记在心里。

要让生意产生暴利，就要在后端营销上下功夫。这就是生意暴利赚钱的不传之密！

这句话是经过无数企业花费无数金钱得出的生意真经，一定要牢记于心。有人说，开发一个新客户的平均成本是开发一个老客户的 5 倍以上。这句话从另外一个角度来解释就是：跟一个老客户做生意，利润是新客户的 5 倍以上。

系统化的零营销模式，简单地概括是：先让利、再赢利、后暴利。这个模式总的来讲，就是每一步营销务必按照一种可测的效果来进行。

先让利，就存在一个问题，如何让利，让多少利，在哪方面让利？赚钱不容易，亏钱谁都会，但如何亏钱、让利之后再赚钱就是具有艺术性质的智慧了。因此，在前端亏钱让利的时候，不能毫无目的地亏钱，必要同时考虑好后续的中端赢利措施，甚至设计好后端的暴利准备。这是零营销模式成功运用的关键所在，是系统化的步骤。

首先，在试错阶段，前端的让利，企业可以清楚掌控风险和投入；其次，通过中端的成交销售，企业就会有一个非常明晰的投入产出比；最后，在后端会让企业有一个产生暴利的平台。

如果在试错阶段，发现某个前端让利的营销措施没有办法带来中端的赢利，或者所带来的收入根本无法实现赢利，就可以取消这个让利，采用另外一个让利措施。这个风险很小。

那么，如何确认哪一种前端让利能够带来中端的赢利和后端的暴利？唯一的办法就是试错。各行各业的营销手段千奇百怪，即使同一个人在同一个地方实施，不同的时机获得的营销效果也都是不一样的，更何况是不同的人在不同的地方，营销效果更是千差万别。

零营销模式让你有试错的机会，用很低的成本就可以知道营销是否有效果。如果有效果，就可以加大投入，获得高利润；如果没有效果，损失不大，可以采取另外一种营销方式继续试错，直到找到最适合你的营销模式。